léon wohlhage

Hilde Léon + Konrad Wohlhage

**Bauten und Projekte** Buildings and Projects 1987 – 1997

léonwohlhage

**Friederike Schneider**
Herausgeberin editor

**Birkhäuser Verlag**
Basel · Boston · Berlin

## Der unbewußte Schatten

*Klaus Behnke*

Wie viele Gebäude und Bauensembles sind in unserer Erinnerung nur als Schatten, als dunkle Flecken vorhanden, weil wir sie nicht bewußt wahrgenommen haben? Gebäude, die wir nicht betrachten wollen, da eine nähere Beschäftigung mit ihnen Angst auslösen könnte: Angst vor einer tieferen Einsicht in unsere Gesellschaft, Angst vor dem Zerstörerischen der Trivialität, Angst vor dem Ausmaß der Wurzellosigkeit! Wirkliche städtebauliche Figuren jedoch berühren und erregen uns, weil sie Spiegel der Bilder unseres Unbewußten sind. Architektur ist in besonderem Maß das Gedächtnis einer Gesellschaft. Das kollektive Gedächtnis ist – wie alles Gebaute – ein psychisches Sediment, es ist prägend und formend, und es kann bewußt machen. Es formt die physische Welt wie auch die psychische. Da sich die analytische Psychologie für die Korrespondenzen und Parallelen zwischen Innen- und Außenwelt interessiert, ist es einen Versuch wert, einigen Gedanken über die Architektur aus ihrem Blickwinkel nachzugehen.

Eine der elementarsten Parallelen zwischen den symbolhaften Ausprägungen des Unbewußten und der konkreten Welt stellt das Haus dar. Es ist der Gegenstand der Architektur schlechthin, und es steht in der Psychologie C. G. Jungs, in seinen Traumbildern und Symbolen, für das Selbst. Jung schreibt dazu: „Das Bild vom Haus, Zimmer und Gefäß leitet über zum Inhalt, also auf den

Bewohner von Stadt und Haus, oder auf das Wasser, das im Gefäß enthalten ist."[1] Erstellt der Architekt also ein Haus, zeigt er sich selbst und zeigt, wie sein eigenes Haus beschaffen ist. Wir können uns dieser unbewußten Dynamik nicht entziehen, wenn wir einer symbolisch-unbewußten Form materiell zur Gestalt verhelfen. Schon hier wird deutlich, mit welchem existentiellen Tun der Architekt beschäftigt ist: mit dem Haus als einem äußeren Ort der Prägung und dem Haus als dem archaischen Bild und tiefenpsychologischen Symbol für das Selbst.

Das „Spiel von Licht und Schatten" in der Architektur hat seine psychische Entsprechung in unserem Selbst und im Archetypus des Schattens, der sowohl individuell als auch kollektiv in Erscheinung tritt. C. G. Jung schreibt hierzu: „Jedermann ist verfolgt von einem Schatten, und je weniger dieser im bewußten Leben des Individuums verkörpert ist, um so schwärzer und dichter ist er. Wenn eine Minderwertigkeit verdrängt und aus dem Bewußtsein isoliert ist, wird sie niemals korrigiert. Es besteht dann ... die Gefahr, daß in einem Augenblick der Unachtsamkeit das Verdrängte plötzlich ausbricht."[2] Der Schatten ist all das, was wir nicht sein wollen, aber auch all das, was uns menschlich

macht; das, was wir als das Böse, das Dämonische in uns annehmen. Doch entfaltet der Schatten erst durch die Abspaltung oder Verdrängung seine dämonische Dynamik: Wir schlagen auf Menschen ein, bei denen wir unseren eigenen Schatten wiederfinden, um ihn dort zu bekämpfen. Dabei käme es in unserem Leben darauf an, daß wir ihn nicht verleugnen, sondern daß wir in verschiedenen Lebensphasen immer wieder versuchen, ihn bewußt zu machen und anzunehmen. Alle menschlichen Produkte tragen in symbolisierter Form immer auch diese Schattenseite in sich. Je unbewußter wir sie herstellen, desto wirksamer wird auch der Schatten arbeiten und uns – gegen unseren Willen – in vielfältiger Weise verändern.

Eine Architektur, die in diesem Sinne unbewußt erschaffen wird, „baut" auch immer den kollektiven Schatten ihrer Gesellschaft ein. Vor diesem Hintergrund wird deutlich, warum uns Architektur eine Projektionsfläche bietet, die unsere „innere Architektur" umgestalten und beeinflussen kann, die uns die Möglichkeit bietet, unsere Schattenseiten gleichsam in ein Gebäude mit einzubauen.

Architektur vermag es, an unseren inneren Schatten zu rühren: Sie kann uns unseren Schatten bewußt machen oder aber dafür sorgen, daß wir ihn nur unbewußt – und häufig brutal – ausleben. Wenn wir Glück haben, treffen wir auf Bauten, die unseren unbewußten Bestrebungen nach Individuation, nach eigener Sinnfindung entsprechen. Beispiele dafür gibt es, auch hier in Berlin: die Philharmonie von Scharoun, das Alte Museum von Schinkel oder das Ensemble der Gedächtniskirche von Eiermann.

An dieser Stelle ist es wichtig, über die Rolle des Architekten nachzudenken: Um das hier Postulierte zu erreichen, muß er ein gesellschaftlich Außenstehender sein, er muß – eine Parallele mit dem Psychoanalytiker – die Position des von außen Sehenden einnehmen. Ist er zu sehr involviert, wird er zur Hure; bringt er sich aber bewußt in Distanz, kann er im positiven Sinne die Rolle des Narren in unserer Zeit übernehmen. Nur der Narr, und zwar in der Ausprägung des Listigen, darf vorzeigen, entlarven, provozieren und zuspitzen. Alle anderen sind in das konservative Wertesystem eingebunden und müssen sich wie bei Hofe an die Regeln halten, die nicht verändert werden dürfen. Zugespitzt ausgedrückt, übernehmen sie die Rolle der Gaffer und der Bewahrer.

Auch unter diesem Aspekt wird deutlich, daß der Architekt eine eigene Position einnehmen muß: nur so bewahrt er die Unabhängigkeit, die Voraussetzung ist für seine Arbeit. Nur außerhalb des Tradierten ist er in der Lage, sich aus der Reproduktion von Bildern zu lösen und Originäres zu schaffen. Dabei beruhen die umgesetzten „Investoreneinfälle", die zu „Eye-Catchern" degradierten Kommerzbauten, häufig gar nicht auf einer breiten Zustimmung, sondern auf Folgsamkeit durch Kontrolle und Disziplin. Diese Methode zielte auf die Veräußerlichung des Gewissens, nach der die moralische Bewertung des eigenen Handelns sich aus der Übereinstimmung mit der äußeren

Autorität ergibt. Denn zu jedem Herrschaftsverhältnis gehört auch ein gewisses Maß „an Gehorchenwollen", also ein „Interesse am Gehorchen" (Max Weber) [3]. Das bedeutet, daß die Kooperationsbeziehung zwischen dem Architekten und dem Bauherr nicht nach dem Modell einer einseitigen Zwangs-Bemächtigung zu verstehen ist. Die Bereitschaft des Architekten, zu folgen, dürfte vielmehr ein Ergebnis des Zusammenspiels von Persönlichkeits- und Opportunitätsstrukturen sein – von psychischen Dispositionen und Gelegenheiten in den jeweiligen Lebensumständen. Das heißt nicht einfach „Gelegenheit macht Diebe", sondern: bestimmte Gelegenheiten machen in bestimmten Situationen bestimmte Personen zu „Dieben", die in der gegenwärtigen Diskussion genau analysiert werden müssen. In diesem Sinne sind Architekten Täter und, wie ich meine, auch Diebe, wenn sie uns mit ihren Bauten die Möglichkeit einer urbanen, kreativen Gestaltung unseres Lebensraumes stehlen.

Kommen wir zurück zum Narren, der auch immer durch seine Außenposition das Dialogische gefördert und befördert hat. In einer Zeit, in welcher der Geldwert von Gebäuden die Kreativität der Architekten zunehmend einschränkt, ist die Einführung von architektonischen Phantasien von besonderer Bedeutung, da sie der „schatten"-haften Verrohung entgegenbaut. Der Narr, der Schelm, auch

Trickster genannt, ist eine der schillerndsten mythologischen Figuren: Er bezieht seine Handlungsfähigkeit aus dem Wissen um seine unbewußten Kräfte, seine Schattenseiten, und aus dem Wissen um den kollektiven Schatten, aus dem er kommt. Er kann zum Wanderer zwischen den Welten werden; wo andere blind durch die Welt gehen, kann er aufdecken und entlarven. Es ist gleichsam das schicksalhaft Tragische an dieser Figur, daß sie zu einer Minorität gehört, daß sie dadurch aber den Gewinn aus dem Normativen für sich nicht in Anspruch nehmen kann. Oder, wie es Emmanuel Levinas beschrieben hat: „Der Narr, der Verrückte der Tragödien Shakespeares, er ist derjenige, der hellsichtig die Unstimmigkeit der Welt und das Absurde der Situation fühlt und ausspricht – aber er ist nicht die Hauptperson der Tragödie, er hat nichts zu überwinden." [4]

Provokant ausgedrückt, muß der närrisch-listige Architekt größenwahnsinnig sein, um die Trampelpfade des kollektiven Zwangs zu verlassen und sich ein omnipotentes Handeln zuzutrauen. Dieses ist notwendig, um ein depressives oder zweiflerisches Moment zu überwinden und sich gegen die ängstlichen Bedenkenträger durchzusetzen. Andererseits muß er Zweifel haben – sie gehören zu jedem

kreativen Prozeß –, doch darf er diese nicht in Ausübung seiner Rolle öffentlich vor sich hertragen. Es sollte sich also, wie Psychoanalytiker es beschreiben, um einen „integrierten Größenwahn" handeln: Der närrische Architekt leistet sich eine Kreativität, ein Selbstbewußtsein und eine Provokation, die neue architektonische Lebensentwürfe schafft und über das Vorgegebene hinausgeht, Grenzen überschreitet und trotzdem eine lebendige Bodenhaftung hat.

Die Faszination vieler zeitgenössischer Gebäude liegt in der vielfältigen Verarbeitung und Darstellung von unbewußten Inhalten und deren Symbolik. So können gebaute männliche und weibliche Strukturelemente dem Gebäude eine Dynamik geben, die sowohl bewahrt, als auch innovative Kräfte freisetzt; sie bietet gleichzeitig die Möglichkeit von Regression und Progression. Eine solche Architektur

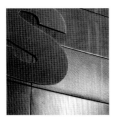

ist aufgrund ihrer vielfältigen Projektionsmöglichkeiten immer auch mehrfach lesbar und mehrfach deutbar. Wie die Tiefenpsychologie bewahrt die Architektur, indem sie von der Wurzel her etwas Neues schafft. Erst aus diesem Zusammenhang heraus wird der Architekt Bewahrer und gleichzeitig progressiv-zeitgenössischer Fortschrittsträger. Er sollte deshalb ausgerüstet sein mit der Nachdenklichkeit und dem Wissen, daß in seinen Gebäuden modern „Männliches" schafft, daß diese aber eigentlich „das Weibliche", ja sogar „das Mütterliche" der Behausung zum Ausdruck bringen. Erst wenn es gelingt, beides in einem Gebäude zu integrieren, ist es mehrfach deutbar, mehrfach lesbar und inspirierend. Gleichzeitig kommt es darauf an, das Innere „außen sichtbar zu machen", wie es die Meister des Bauhauses gefordert haben. Dies könnte die Tür sein, die wir öffnen müssen, um zu einer zeitgemäß neuen, innovativen und bewahrenden Architektur zu gelangen.

Vom Architekten ist ein Entwurf gefordert, der über die Entwürfe dieser Zeit hinausgeht und das Belächeln zukünftiger Generationen mit einkalkuliert, so daß in ihm der Mythos des Narren neu belebt wird. Erfüllt Architektur diese Prämissen nicht, ist sie eine Architektur des Vergessens und bleibt bestehen wie ein heruntergekommener Familienzirkus, zu dem keiner mehr hinsieht, weil nur noch die Qual der Akteure und Tiere im Vordergrund steht. Der klare Paul Klee schrieb über die Schaffung eines kreativen Werkes in seinen Tagebüchern: „Um eine lebendige Harmonie zu erreichen, muß das Bild aus Teilen konstruiert werden, die selber unvollständig sind und erst mit dem letzten Strich in

Harmonie miteinander gebracht werden"[5]. Hanna Segal nimmt diesen Gedanken auf, wenn sie schreibt: „Wir müssen das Werk in unserem eigenen Inneren vervollständigen. Unsere eigenen Vorstellungen müssen die letzte Lücke überbrücken. Daher kommt ... das Gefühl von Unerschöpflichkeit ... Minderwertige Kunst gibt uns sozusagen alle Antworten. Sobald wir gesehen, gehört, gelesen haben, mag uns die Erfahrung gefallen, aber wir wünschen uns nicht, sie zu wiederholen."[6] Nur die visionäre Idee öffnet den Zugang zu unseren unbewußten Bildern und schafft eine Korrespondenz zu den Symbolen, die sich in einem Gebäude für uns bereit halten. Noch einmal Jung: „Das zugegebenermaßen symbolische Werk (...) ruft uns schon durch seine ahnungsreiche Sprache zu: Ich bin im Begriffe, mehr zu sagen, als was ich tatsächlich sage; ich „meine" über mich hinaus. Hier können wir die Hand auf das Symbol legen, auch wenn uns eine befriedigende Enträtselung nicht gelingt. Das Symbol bleibt ein ständiger Vorwurf unseres Nachdenkens und Nachfühlens. Daher rührt auch wohl die Tatsache, daß das symbolische Werk mehr anregt, sozusagen weiter bohrt in uns".[7]

Eine ideenlose Architektur bleibt im lediglich Bewahrenden und in der leeren Wiederholung verhaftet. Der mündige Architekt weiß, was er in seinen Produkten mit Licht und Schatten auszulösen und zu erreichen vermag. Er schafft eine mündige Architektur, die vorausschauend gestaltet.

1  Carl Gustav Jung, „Die Struktur und Dynamik des Selbst", GW 9/II (Olten, 1971).
2  Carl Gustav Jung, „Westliche Religionen, Geschichte und Psychologie eines natürlichen Symbols", GW 11, (Olten, 1971).
3  Max Weber „Wirtschaft und Gesellschaft, Einführung in die verstehende Soziologie", 5. Auflage (Tübingen, 1972).
4  Emmanuel Levinas „Die Zeit und der Andere", (Hamburg, 1989).
5  Paul Klee, „Tagebücher 1898 – 1918" (Köln, 1995).
6  Hanna Segal „Traum, Phantasie und Kunst" (Stuttgart, 1996).
7  Carl Gustav Jung „Über das Phänomen des Geistes in Kunst und Wissenschaft", GW 15 (Olten, 1971).

## The Subconscious Shadow

*Klaus Behnke*

How many buildings and ensembles are mere shadows in our memory, only dark spots, because we have not perceived them consciously; buildings that we have had no wish to look upon more closely because a more conscious exposure to them may trigger fear – fear of a deeper understanding of our society, fear of the destructive power of the trivial, fear of the scope of rootlessness! True urban figures, on the other hand, affect and stimulate because they mirror the images of our unconscious. Architecture is the memory of a society in particular. Collective memory is, as are all built structures, a psychological sediment – it influences and gives shape and can make conscious. It shapes the physical as well as the psychological world. Analytical psychology investigates correspondences and parallels between the inner and the outer world. It is therefore a worthwhile attempt to think about architecture from this perspective.

The house is one of the most basic parallels to the symbolic manifestations of the unconscious and the concrete world. It is the principal object of architecture and, in the psychology of C. G. Jung, it represents the Self in dream images and symbols. Jung writes: "The image of house, room and vessel is directly linked to the content, in other words to the inhabitant of the city and of the house, or to the water contained in the vessel."[1] When an architect designs a house, he inadvertently reveals his own Self and the quality of his own house. We cannot escape this unconscious dynamic when we give material shape to a symbolic-unconscious form. The existential nature of an architect's activity is obvious: the house as an external site of formation and the house as the archaic image and psychological symbol of the Self.

The "play of light and shadow" in architecture has a psychological complement in our self and in the archetype of the shadow, which is manifest individually and collectively. C. G. Jung states: "Everyone is persecuted by a shadow, and the less this shadow is embodied in the conscious life of the individual, the greater is the shadow's darkness and density. When an inferiority is suppressed and isolated from the consciousness, it is never corrected. ... The danger is that all that is suppressed will break out in a moment of carelessness."[2] The shadow is all that we do not wish to be, but also what makes us human, that which we take for as evil and demonic in ourselves. And yet, the shadow only shows its demonic side as a result of separating or suppressing; we attack others when we rediscover our own shadow in them in order to fight it. Over the course of our life we should, instead of denying our shadow, try in each phase of life to be conscious of it and to accept it. Everything we make contains this shadow side in symbolic form. The less aware we are of their production, the more effective is the shadow. And it changes us – against our will – in many ways.

Architecture that is created unconsciously in this sense will always "incorporate" the collective shadow of the society it serves. Against this background we can understand why architecture is a tool for projection where our "inner architecture" can be changed and influenced, where we can, so to speak, integrate our shadows in a building.

Architecture can touch our inner shadow, making us aware of this shadows' existence – or seeing to it that it is experienced only unconsciously and thus, often brutally. With luck we encounter buildings that correspond to our unconscious striving for individuality, for distinct personal meaning. There are examples of such buildings here in Berlin, too: the Philharmonie by Scharoun, the Alte Museum by Schinkel, or the Gedächtniskirche complex by Eiermann.

At this point we must ponder the architect's role. To achieve the goal set out here, he must be an outsider of society. He must – like the psychologist – take the position of an outside observer. If he is too involved he will prostitute himself; however, if he distances himself deliberately, he can slip into the role of a contemporary jester in a positive sense. Only the jester can cunningly exhibit, expose, provoke, and exaggerate. Everyone else is bound by the conservative value system and must, as at court, abide by rules that may not be changed. Everybody else has the role of observer and of keeper.

This aspect, too, illustrates the necessarily unique position of the architect: only in this manner can he maintain the independence that is a prerequisite for his work. Only if he stands outside tradition can he free himself from reproducing images and create something original. "Investment projects", commercial buildings degraded to the level of "eye-catchers", are frequently less a result of a widespread consensus than of obedience through control and discipline. This method sought to externalize our conscience, a method through which actions are morally validated by conformity with an external authority. Because each relationship of governance contains a measure of "want-

ing to obey", in other words, an "interest in obedience" (Max Weber)[3]. This means that the cooperative relationship between architect and client must not be seen as a one-sided coercion. The architect's willingness to tow the line is likely more the result of a combination of personality and opportunistic structures – of psychological disposition and opportunities given in the relevant circumstances. It isn't just a matter of "opportunity makes the thief". Rather, certain opportunities in certain situations make "thieves" of certain people who must be closely analyzed in the current discussion. In this sense, architects are perpetrators and, in my view, also thieves if their buildings rob us of the opportunity to shape our living environment in an urban and creative manner.

Let's return to the jester whose outsider position has always promoted and advanced dialogue. In a time where the monetary value of buildings increasingly restricts the creative freedom of the architect, introducing architectural fantasies takes on a significant meaning because this gesture is in opposition to the "shadow"-like tendency toward brutalisation. The jester, the rogue, also called trickster, is one of the most colorful mythological figures. He is empowered by the knowledge of his unconscious strengths, his inner shadow, and by the knowledge of the collective shadow whence he originates. He can be a traveller between worlds; where others walk blindly through the world, he can reveal and unmask. It is the

fateful tragedy of this figure that it belongs to a minority, but cannot lay claim to that which is gained from the normative. Emmanuel Levinas described this as follows: "The jester, the madman in Shakespeare's tragedies, is the one who clairvoyantly feels and expresses the world's discrepancies, the absurdity of a situation – but he is not the main protagonist of the tragedy, he has nothing to overcome."[4]
Provocatively speaking, the foolish-cunning architect must be megalomaniacal to leave the well-trod paths of collective coercion and to dare omnipotent action. The latter is necessary to overcome a depressive or doubtful moment and to stand up to the fearful fretters. On the other hand, he must also be capable of doubt – a necessary element in each creative process. Yet, he must not publicly display this doubt in the execution of his role. It should be, as psychologists say, an "integrated megalomania": the jester-architect allows himself a creativity, a confidence and a provocation that create new architectural designs for living and that surpass the given, leap boundaries, and yet are grounded in life.

The fascination of many contemporary buildings lies in the varied interpretation and representation of unconscious contents and their symbolism. Thus, masculine and feminine structural elements can give a building a dynamic that conserves while at the same time releasing innovative forces. It offers both the possibility of regression and of progress. Architecture of this nature can

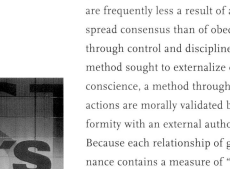

be read and interpreted in many ways because of the multiplicity of its projections. Architecture, like analytical psychology, conserves by creating something new out of the root. This context alone makes the architect into a curator of the existing and, simultaneously, into an active contemporary proponent of progress. He should therefore be equipped with the introspection and knowledge that modern "masculinity" is the driving force in his buildings, but that these buildings are in fact an expression of the "feminine" and even the "motherly" quality of housing. Only when both elements are successfully integrated in the same building can it be interpreted and read on multiple levels. Only then is it inspiring. At the same time, the inside must be "made visible on the outside", as the masters of the Bauhaus challenged. This might be the door we have to open in order to cross the threshold towards a new, innovative, and conserving contemporary architecture.

The architect is challenged to create a design that surpasses the patterns set in his own time and place and that takes the light of future generations, thus breathing new life into the mythos of the jester. When architecture fails to achieve this premise, it is an architecture of forgetting and over time it will become an empty shell, like a run-down family circus which no one goes to see anymore because only the agony of the acrobats and the animals remains. In his diaries on the making of a creative work, the clear-sighted Paul Klee wrote: "To achieve a living harmony, the image must be constructed from parts that are incomplete in themselves and only come together at the last

stroke."[5] Hanna Segal picks up the thread: "We must complete the work in our inner selves. Our own imagination must bridge the last gap. It is from this ... that the feeling of inexhaustibility arises ... Inferior art, so to speak, provides us with all the answers. As soon as we have seen, heard or read we may be pleased by the experience, but we do not wish to repeat it."[6] Only the visionary idea opens the door to our unconscious images and creates a correspondence to the symbols that await us in a building. Here is Jung again: "The admittedly symbolic work ... calls to us by virtue of its prescient language: I am about to say more than I actually say; I "mean" beyond myself. Here we can touch the symbol even though we are unable to come to a satisfying demystification. The symbol is a constant reproach of our reflection and sentiment. This may also be at the root of the fact that the symbolic work is more stimulating: in other words it continues to work in us."[7]

Unimaginative architecture is arrested at the level of maintaining what already is – and in vacuous repetition. The mature architect knows what he can trigger and achieve in his products with light and shadow. He creates architecture that has come of age and that is farsighted.

1 Carl Gustav Jung, *Die Struktur und Dynamik des Selbst*, GW 9/II (Olten, 1971).

2 Carl Gustav Jung, *Westliche Religionen, Geschichte und Psychologie eines natürlichen Symbols*, GW 11, (Olten, 1971).

3 Max Weber, *Wirtschaft und Gesellschaft, Einführung in die verstehende Soziologie*, 5. Auflage (Tübingen, 1972).

4 Emmanuel Levinas, *Die Zeit und der Andere*, (Hamburg, 1989).

5 Paul Klee, *Tagebücher 1898 – 1918* (Köln, 1995).

6 Hanna Segal, *Traum, Phantasie und Kunst* (Stuttgart, 1996).

7 Carl Gustav Jung, *Über das Phänomen des Geistes in Kunst und Wissenschaft*, GW 15 (Olten, 1971).

# BÜROHAUS HAMBURG

## OFFICE BUILDING HAMBURG

### Dialog

Über das Wesen von Qualität läßt sich
streiten, über die Notwendigkeit von
Qualität nicht. Wer lediglich das rein
Zweckmäßige plant, wird auch dieses
nicht erreichen. Ein gutes Konzept
muß gerade über das Realisierbare
hinausgreifen. Dasjenige einer Epo-
che, das durch seine Qualität Bestand
hat, ist immer mehr gewesen als das
rein Nützliche; es war eine Auseinandersetzung mit den Themen der Zeit,
eine Neuinterpretation tradierter Mu-
ster, die Suche nach dem Schönen. Aus
dem jeweils Schönen sind die Ideale
einer Gesellschaft abzulesen, heute
jedoch nicht mehr kollektiv normiert,
sondern als individueller Entwurf.

Die Auseinandersetzung über den Inhalt qualitätvoller Architektur wird mit der Größe der Investitionsvolumen zunehmend schärfer geführt. Heute, da Gebäude Handelsware sind und Architektur auf reines Bauen, das heißt auf Finanz-, Marketing- und Managementprobleme reduziert wird, bedeutet Qualität vor allem Rendite.

Der Architekt ist in der Regel erpreßbar, da er im Verhältnis von Auftragnehmer zu Auftraggeber die schwache Position einnimmt. Die einzige Chance, nicht zum Dienstleister degradiert zu werden, sondern ein Konzept durchzusetzen, besteht darin, durch persönliche Überzeugungskraft in jedem Einzelfall auf's Neue eine maßgebende Rolle zu erobern. Dem Architekten fällt dabei in erster Linie zu, die Positionen von kulturellem Anliegen und wirtschaftlichem Pragmatismus einander verständlich zu machen und ein Unterhändler zu sein zwischen den kontroversen Mentalitäten.
Das bedeutet, daß der Architekt einen Dialog initiieren muß, denn nur der Dialog zwischen Bauherren und Architekten kann Qualität sichern. Dieser ist keineswegs selbstverständlich, doch ist er die Voraussetzung für Qualität.

Beim Bürohaus in Hamburg gab es einen solchen Dialog von Anfang an. Er war für alle Beteiligten inspirierend, motivierend und eine wesentliche Voraussetzung für die außerordentlich schnelle Bau- und Planungszeit von nur zweieinhalb Jahren. Hinter diesem Erfolgsrezept stehen Personen, kein regelndes System: Ein architektonischer Anspruch ist ein persönlich formuliertes Anliegen, er ist schwer zu institutionalisieren.

## Dialogue

One can dispute the nature of quality but not its necessity. He who plans only for expediency will miss it by a mile. A good concept must go beyond the limits of what can be realized concretely. The enduring qualitative elements of each epoch have always been more than merely useful; they have been expositions on contemporary themes, new interpretations of traditional patterns, a search for beauty. From this beauty one can extrapolate the ideals of a society that are today no longer collective norms but rather individual designs.

The discussion surrounding the content of high-quality architecture has become increasingly heated as the size of investment volumes has grown. Today, when buildings have become objects of trade and architecture has been reduced to mere building, i. e. to finance marketing and management issues, quality has come to signify financial return.

The architect is usually open to extortion since he holds the weaker position in the employee employer configuration. The only chance of escaping a demotion to mere "servant" and succeeding with a concept lies in the ability to gain a definitive role in each new scenario through personal persuasive power. Above all, the architect must mediate between the positions drawn by cultural interests and economic pragmatism and act as middle man between opposite mentalities. In other words, the architect must initiate a dialogue, for only dialogue between architect and client can ensure quality. By no means a matter of course, dialogue is the prerequisite for quality.

This dialogue existed from the start for the office building project in Hamburg. It proved inspiring to all participants, a motivating and key factor in the extraordinarily short planning and construction timeframe of only two and a half years. Behind this success story are people, not a regulatory system: an architectural need is a personally formulated concern, it does not lend itself to institutionalization.

15

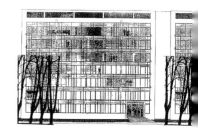

## Der mehrdeutige Raum

Für den Außenraum wie für den Innenraum gilt gleichermaßen: erst seine Unbestimmtheit, seine Mehrdeutigkeit macht ihn brauchbar. Durch seine ikonografische „Unbesetztheit" kann ihm jeder einzelne ein Thema geben, durch eigene Projektionen Bedeutung verleihen und ihn sich über die reine Nutzung hinaus aneignen.

Mehr denn je bestehen zeitgenössische Gebäude lediglich aus einer Hülle und dem Leerraum. Ihre Inhalte wechseln, ihre Nutzer bleiben dem Architekten unbekannt. Die Städte sind als Additionen von rentablen Mietflächen zu lesen. Die Forderung an die Architektur lautet, mit dem Gebäude nicht mehr als eine „neutrale Individualität" zu generieren. Sie darf nicht in Widerspruch geraten zu einem künftig noch auszuphantasierendem Inhalt. Die Gebäude sind semantisch entkleidet, ihre Fassaden bildlos und ihre Innenräume leer.

Seit der Erfindung des freien Grundrisses und des Aufzugs sind der Konfektionierung von Räumen keine Grenzen mehr gesetzt. Mit dem großflächigen, unspektakulären Austausch des Innenlebens von Gebäuden ändern gleichzeitig ganze Stadtteile ihre Inhalte und ihre Identität.

Es ist nicht möglich, gegen diese Art gesellschaftlicher Konvention im Büro- und Wohnungsbau zu streiten, im Gegenteil: wir haben versucht, sie zu kanalisieren. Unser Anliegen war es, mit Mitteln der Repetition, der Konfektion und der Standardisierung zu einer verwandelbaren, komplexen Form zu kommen, indem wir uns immer für die Abstraktion und nie für ein Bild entschieden haben. In jedem Projekt versuchen wir, die Forderung nach Neutralität zu einer Architektur der Mehrdeutigkeit, der Ambiguität werden zu lassen: Erst diese schafft die Vorraussetzung für Identität und individuelle Nutzung in der Serie.

Das Bürohaus in Hamburg repräsentiert mit seinem Ausbauraster von 1.35 m einen üblichen Standard, der vielfältige Gebrauch der tiefen suggestiven Glasfassaden ist demgegenüber weit mehr. Zum Beispiel sind die ausgestanzten, gestapelten Etagen seriell, doch achtgeschossige Atrien verbinden sie zu einem komplexen, vieldeutigen Raum. Konfektioniert zu Fertigteilen sind alle Tragelemente, ihre Oberflächen allerdings sind sorgfältig entwickelt worden und wurden aus sechzig Prototypen zugunsten einer optisch veränderlichen Oberflächentiefe ausgewählt. Für die Unterdecken der Büros wurde lediglich ein einziges Element tausendfach verwendet, doch ist dieses eine Neuentwicklung aus integrierter Beleuchtung, Elektroverteilung und Akustikflächen zu einem raumbestimmenden, multifunktionalen Segel.

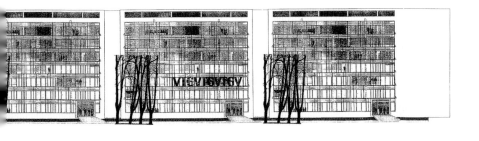

Amsinckstraße

Nagelsweg

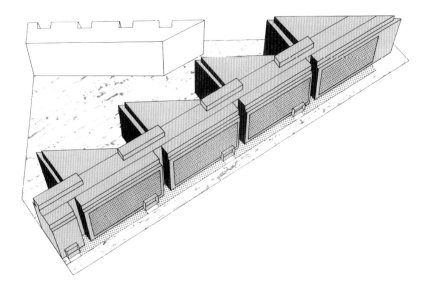

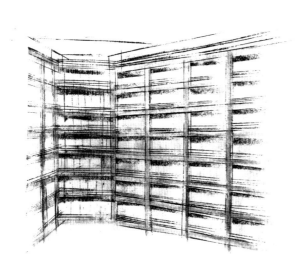 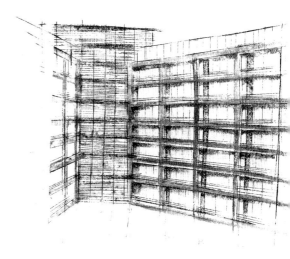

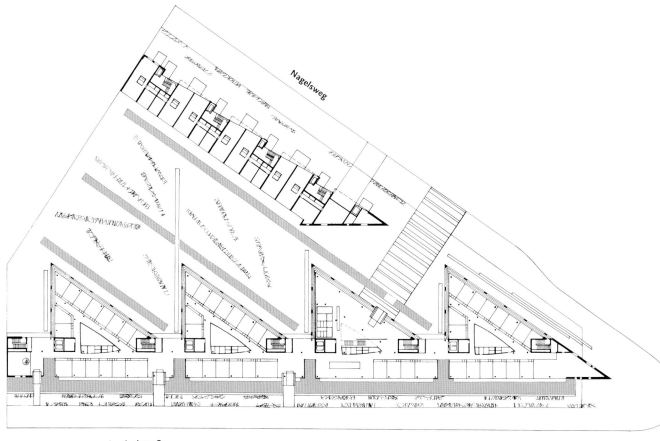

Nagelsweg

Amsinckstraße

0    5   10      20                    50

Erdgeschoß mit Eingängen zu den Mietbüros
von der Amsinckstraße, der Vorfahrt vom
Nagelsweg für den Hauptnutzer, die
Vereinigte Transportmittel und Tanklagergesellschaft sowie dem Wohnungsbau mit
Tiefgaragenzufahrt am Nagelsweg.
Farbig: Wassergräben.
Ground floor with access to offices from
Amsinckstraße, vehicle drop off from Nagelsweg for the main tenants (Vereinigte Transportmittel und Tanklagergesellschaft, VTG),
and apartment complex with access to underground car park. In colour: water channels

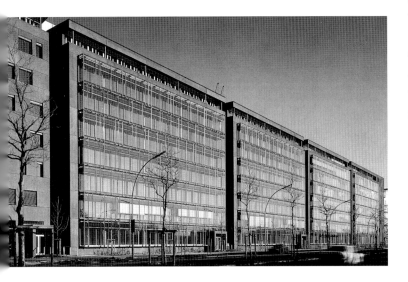

## The Ambivalent Space

To the exterior and the interior space the following applies equally: it is through its very ambivalence, its ambiguity, that the space becomes useful. The iconographic "vacancy" alone enables each occupant to give the space a theme, to give it importance through his or her own projections, and to go beyond mere use or serviceability.

Ever since the introduction of open floor plans and elevators, the possibilities for room allocation and arrangement have become limitless. Large-scale, yet unsensational shifts in the inner life of buildings simultaneously change the content and the identity of entire urban neighbourhoods.

One cannot argue against this kind of societal convention in office and apartment buildings; on the contrary, we have attempted to channel it. We intended – by means of repetition, manufacturing, and standardization – a flexible complex, by always choosing abstraction and never representation. In each project we try to turn the requirement for neutrality into an architecture of ambivalence and ambiguity: this alone provides the ground for identity and individual use in the series.

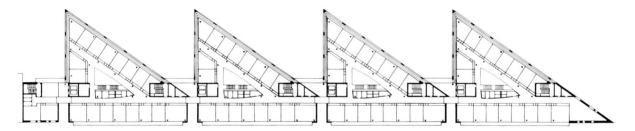

Contemporary buildings are, increasingly, no more than shells surrounding an empty space. Their contents vary, their users remain anonymous to the architect. Cities can be read as additions of rentable gross areas. The brief to architects is to generate with the built form no more than a "neutral individuality", which must not come into land conflict with a future as yet unspecified, content. The buildings are semantically stripped, their façades blank and their interiors empty.

The office building in Hamburg, with its finishing grid of 1.35 m, represents a conventional standard; the multiple use of the deep suggestive glass fa-çades, on the other hand, is much more than that. The stepped storeys, for instance, have serial characteristics, but the eight-storey-high atria connect and transform them into a complex space open to multiple readings. The loadbearing structure is preassembled, yet the surfaces have been meticulously developed and selected from sixty prototypes for their changeable optic surface depths. For the office ceilings we used a single element, repeated a thousand times over, yet this element is a new design of integrated lighting, cabling

and acoustic surfaces, and has become a space defining, multifunctional canopy.

Oben: Normalgeschoß mit achtgeschossigen, gedeckten Innenhöfen im Schwerpunkt der Dreiecke
Above: Standard floor with 8-storey covered atria at the centre of the triangles

Folgende Doppelseite: die glasgedeckten Innenhöfe
Following pages: the glass-covered atria

24

Eingangshalle der VTG,
Blick in die Innenhöfe,
Raum vor den Aufzügen
VTG Lobby,
View into atria,
space in front of the lifts

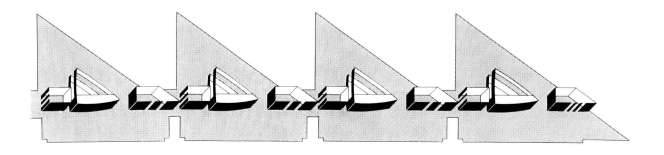

**Transparenz**

Nach Bernhard Hoesli ist Transparenz „die Verbindung von Komplexität und Übersichtlichkeit", die „Dialektik zwischen Tatsache und Andeutung". Die Überschneidung und Durchdringung von Räumen, ihre optische Schichtigkeit, sind das Wesen der transparenten Gebäude. Der Begriff der Transparenz kann nicht auf die Durchsicht durch eine ephemere Haut reduziert werden, wie zum Beispiel bei Glas. Doch schafft gerade das Material Glas in seiner optisch vielfältigen Erscheinung neue Möglichkeiten, den traditionellen Mitteln der räumlichen Transparenz weitere hinzuzufügen. Nicht seine Durchsichtigkeit, sondern seine Metamorphose interessiert uns. Im Hamburg-Projekt kommt Glas klar, bedruckt, sandgestrahlt, eingefärbt und gegossen als Fassade aus Glasbausteinen vor. Die Bandbreite seiner Erscheinung zwischen Transmission und Reflexion baut Geheimnisse auf. Das Glas schafft so eine Beziehung zwischen Raumtiefe und geschichteter Fassade. Das Innenleben scheint auf die Außenhaut projeziert zu sein, dann wieder tief im Raum zu liegen, dann wieder verdeckt zu sein von Reflektionen der Sonne.

Glas ist ein zeitgemäßes Material. Aufgrund seiner optischen Flüchtigkeit, seinem lediglichen Andeuten von Materie, ist es der Stoff für mediale Räume und für Illusionen aus Licht. Die Glasfassade an der Amsinckstraße wird nachts zur Leinwand einer Lichtchoreografie, die – gesteuert vom Verkehrslärm – die vertikalen Stäbe des rhythmisch komponierten Bildes in Bewegung versetzt.

Typisches Büro und Studie für die Deckensegel, die Leuchtkörper, Akustikelemente und Stromführung integrieren.
Typical office and mock-up of the ceiling panels with integrated lighting, acoustic panels and cabling.

Mit der oben zitierten „Dialektik zwischen Tatsache und Andeutung" spielt auch die Veränderung des Materials, seine Oberfläche und seine Tiefe. Wir haben versucht, die gegensätzliche, aber auch die korrespondierende Wirkung von Glas und Beton zu zeigen; gegensätzlich in der Schwere, korrespondierend in der Veränderlichkeit durch Regen und Sonne. Bei Regen erscheint der Beton grau, die Glassteine leuchtend grün; bei Sonne wirkt der Beton tiefgrün, die Glassteine dagegen blaß und leicht durchscheinend.

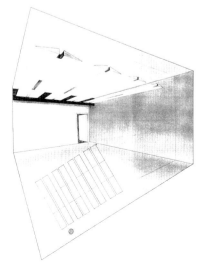

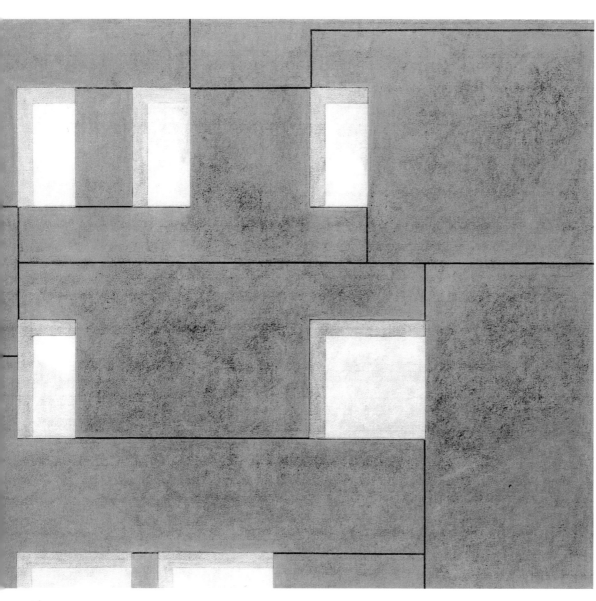

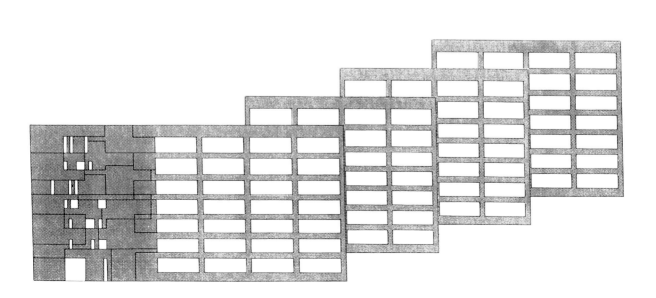

## Transparency

According to Bernhard Hoesli, transparency is "the connection of complexity and lucidity", the "dialectic between fact and allusion". The overlapping and penetration of rooms, and their optical striation are the essence of transparent buildings. The term transparency cannot be reduced to "seeing through" an ephemeral skin, such as glass. Yet glass, especially, is a material whose optically diverse appearances create many opportunities to add new elements to the traditional means of spatial transparency. We are less interested in its translucence than in its ability to metamorphose.

In the Hamburg project, glass in the glass-brick façade is used in many forms: clear, coated, sandblast, tinted and cast. The scope of its appearance ranges from transmittance to reflection, creating mysteries of clarity and ambiguity. Glass thus builds a relationship between room depth and layered façade. The inner life appears as if projected onto the outer skin, then again retreating into the room, in other instances obfuscated by the sun's reflections.

Glass is a contemporary material. Its optic transitoriness, its ephemeral allusion to matter make it the material of choice for media rooms and for illusions of light. The glazed façade on Amsinckstraße is transformed at night into a canvas of choreographed light that – controlled by traffic noise – sets the vertical rods of the rhythmically composed image into motion.

The quoted "dialectic between fact and allusion" is also subject to a play between the changeability, surface, and depth of the material. We have tried to show not only the opposing but also corresponding effect of glass and concrete; opposing in weight, corresponding in mutability through rain and sun. In rain the concrete appears grey and the glass blocks bright green; in sunshine the concrete appears dark-green, the glass blocks pale and gently translucent.

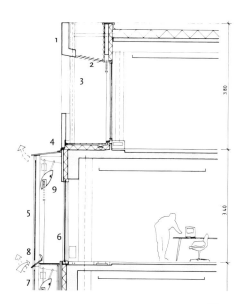

29

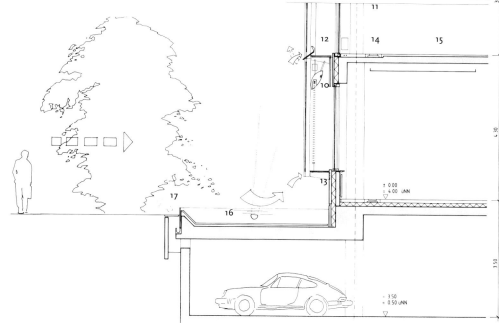

1 durchbrochene Attikafassade
  perforated façade of parapet
2 feststehende Sonnenschutzlamellen fixed sun blinds
3 Stahlstütze steel column
4 Klarglas-Dach, doppelschalige Fassade
  clear glass roof, double skin façade
5 ESG-Verglasung pre-stressed glazing
6 Schiebeflügel raumhoch, B=1,35, isolierverglast
  sliding panel at room height with thermal glazing
7 Abluftöffnung 12 cm hoch air extract 12 cm high
8 Zuluftöffnung 12 cm hoch air supply 12 cm high
9 Schallschutz-Element sound absorbing element
10 Alu-Flachabsorber absorbing flat aluminium element
11 Rundstützen 40 cm circular columns
12 Glasböden, begehbar promenade glass floor
13 Stahlkonsolen steel brackets
14 ELT-Kabelkanal electrical conduits
15 Verbundstrich 5 cm screed 5 cm
16 Wasserbecken water basin
17 Belüftung Tiefgarage ventilation of underground car park

WOHNHAUS HAMBURG

APARTMENT BUILDING HAMBURG

32

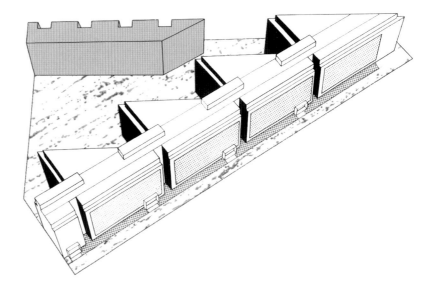

## Repetition und Reihung

Rationalität und Wiederholung, die schon immer die Voraussezung für bezahlbaren Wohnungsbau waren, spielten besonders für die Planung des Hamburger Wohnprojektes, das ausschließlich aus Fertigteilen besteht, eine wichtige Rolle. Der Gegensatz zwischen dem Kalkül des Systems und der Individualität des Bewohners stellt immer wieder eine Herausforderung dar.

Diejenige Form der Reihung, die aus der wirtschaftlichen Notwendigkeit der Serienproduktion stammt, muß eine architektonische Überhöhung in einer Reihung finden, die eine intellektuelle und künstlerische Beschränkung will. Im Wohnungsbau am Nagelsweg, einer langen Hauszeile, bedeutet Reihung durch die Einschnitte der Treppenhäuser an der Straße Rhythmus und architektonische Ordnung, während die Gartenfront mit dem Prinzip der Wiederholung eines einzelnen Elementes spielt: Reihung von Häusern zur Straße, als kollektiver und städtischer Maßstab, Reihung von Einzel-Units zum Garten als Ausdruck individueller Inbesitznahme.

Die Qualität einer Reihe wird nur von zwei Aspekten bestimmt: dem des Einzelnen und dem des Ganzen. Das Einzelteil muß Kraft besitzen, das Ganze eine Idee. Das Einzelne ist in diesem Fall die Wohnung, anverwandelbar für private Welten unterschiedlichster Art, tapeziert zur intimen Höhle, gelegentlich auch zur abgründigen Hölle. Das Ganze ist die Gartenfront, die das Thema Stapelung und Reihung ästhetisiert und durch die bewegliche Glashaut zu einer ständig sich verändernden Komposition werden läßt, zu einer Partitur mit wenigen festen Parametern und vielen Improvisationen.

## Repetition and Duplication

Rationality and repetition, long mainstays of affordable housing development, were of vital importance in planning the housing project in Hamburg, which consists solely of prefabricated parts. The contrast between the calculated system and the individuality of each resident poses a challenge.

The type of row resulting from an economic necessity that leads to mass production must be overcome in a row architecture that aims for intellectual and artistic restraint. In the housing complex on Nagelsweg – a long row of houses – the placement in a row creates a rhythm and an architectural order through the sections created by the intersection of the stairwells and sidewalk, while the front garden toys with the principle of repeating a single element: a row of houses facing the street as an expression of a collective and with an urban dimension; a row of different units along the front garden as an expression of individual possession.

Only two aspects define the quality of a row: the unit and the whole. The unit must be strong; the whole, creative. The unit in this case is the apartment – flexible for private domains of many kinds, decorated as an intimate bolthole, and sometimes a desperate hellhole. The whole is the garden front – an aesthetic interpretation of the theme of stack and row and a constantly changing composition by virtue of the moveable glass cladding; a composition with few fixed parameters and plenty of space for improvisation.

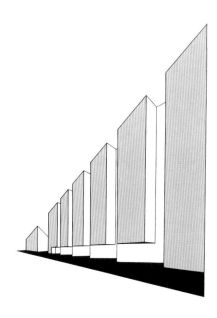

## Architektur und Experiment

Die Forderung an die Kunst, Anreger und Neuerer zu sein, ist auf die Architektur bedingungslos übertragbar. Zwar fehlt der Architektur die Unmittelbarkeit und Unabhängigkeit der freien Kunst, dennoch hat Qualität in der Architektur immer auch zu tun mit dem Experiment, mit einer Grenzüberschreitung.

Das Experiment als ein Kriterium für Qualität bedingt ein starkes Selbstbewußtsein, eigentlich ein Maß an Größenwahn, den die Gesellschaft vom Künster sowohl erwartet als auch ständig an ihm kritisiert: ein „integrierter" Größenwahn, der – integriert – also gesellschaftlich gezügelt, dennoch stark genug ist, das depressive Moment zu überwinden, um überzeugt und überzeugend sein zu können. Zweifel darf der Architekt nur nach innen zeigen, nach außen hin ist er verdammt, von seinen Ideen ganz und gar überzeugt zu sein. Unter dieser Anspannung gerät dann ein Planungsprozeß leicht ins Wanken zwischen Allmacht und Ohnmacht.

Beim Wohnungsbau in Hamburg-Hammerbrook, ein direkt an die City angrenzendes reines Gewerbegebiet, hat uns paradoxerweise ein verlangtes Klischee zum Experiment getrieben.

Eine späte Erkenntnis der Stadtplaner forderte auf den letzten unbebauten Grundstücken in Hamburg-Hammerbrook einen Wohnanteil von zwanzig Prozent. Doch wie sieht ein Wohnhaus in einem bisher homogenen Gewerbegebiet aus? Die in der Ausschreibung zum Wettbewerb formulierte Forderung nach dem Hamburger Backsteinmantel schien uns ein unbedachtes Klischee zu sein. Zwischen großmaßstäblichen Spiegelglashäusern wollten wir mit neuen Materialien experimentieren. Es interessierte uns, Identität ohne Rückgriffe auf andernorts gültige Konventionen und Maßstäbe zu schaffen.

So entwickelten wir eine türkisgrüne Glasbausteinfassade zum Nagelsweg, die ihre Oberfläche je nach Witterung verändert. Bei Regen schimmert sie dunkelgrün, bei Sonne erscheint sie matt, weißlich-grün mit transluzenten Ecken und in der Dunkelheit leuchten die Badezimmer als gelbe Flecken hindurch: ein Experiment mit kalkulierbarem Risiko.

Die Rückfassade, ebenso veränderlich in Abhängigkeit vom Wetter, besteht aus einer im Winter geschlossenen, glatt verglasten Fläche, deren Fensterflügel alle nach außen zu öffnen sind. Im Sommer geben die lamellenartig aufgestellten Fensterflügel der Fassade Tiefe und Struktur, sie malen ein sich ständig veränderndes Bild.

Gegenüber den dominanten, derb konfektionierten Büroblöcken hebt sich das Wohnhaus maßgeschneidert und in gutem Tuch von der umgebenden Gesellschaft ab.

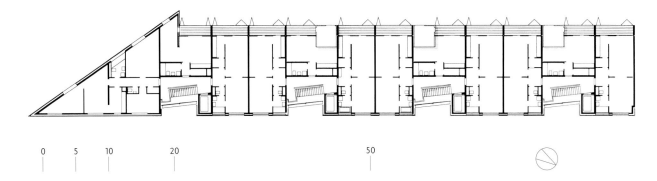

0    5    10    20              50

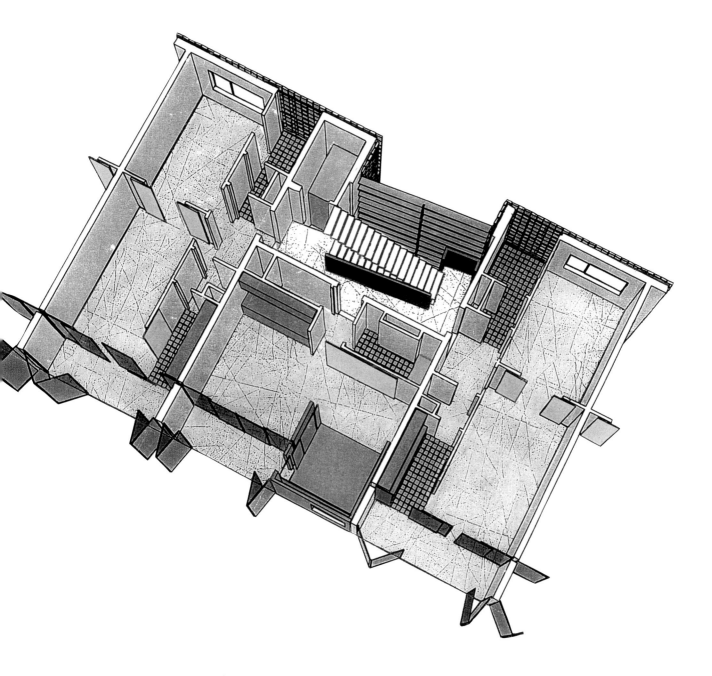

Eingestellter, raumbildender Kubus in der

Einzimmerwohnung

Inserted cube in the one-room apartment

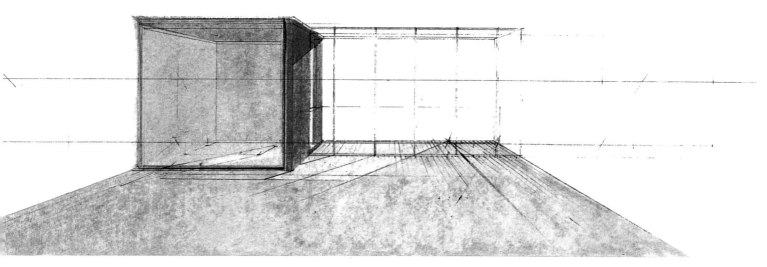

38

Treppenhaus, Wintergarten,

Bad mit durchscheinenden Glasbausteinen,

Einzimmerwohnung

Staircase, winter garden,

bathroom with translucent glass-brick wall,

one-room apartment

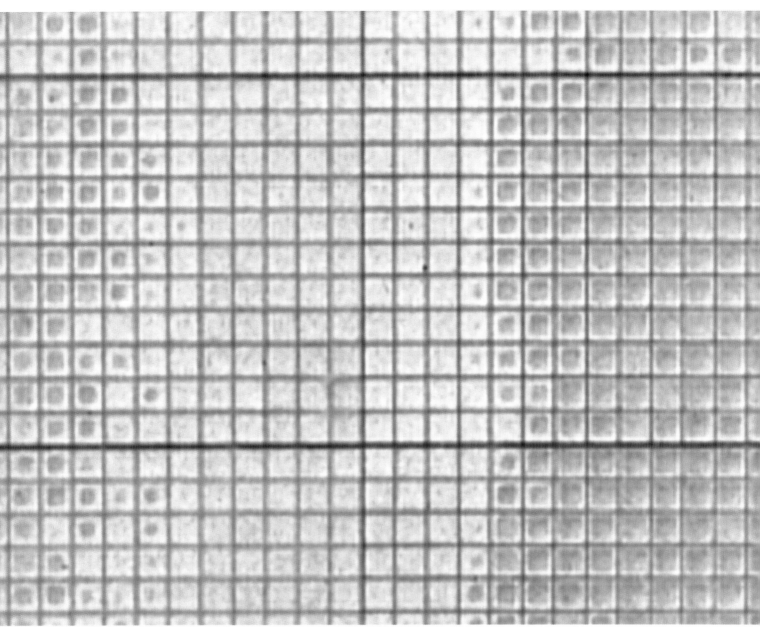

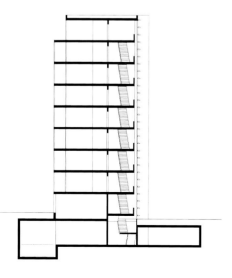

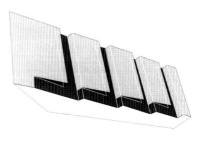

## Architecture and Experiment

The challenge to the arts – to be inspiring and innovating – is unconditionally transferable to architecture. While architecture lacks the immediacy and independence of the fine arts, quality in architecture is nevertheless always linked to experimentation, to a crossing of boundaries.

Experimentation as a criterion for quality presumes a strong self-confidence, (if not a measure of megalomania) which society expects – and never ceases to criticize – in the artist. An "integrated" megalomania is needed, one that is reigned in by society and yet is sufficiently powerful to overcome the depressive moment, to be convinced and to be convincing. Doubt is something that an architect may only exhibit internally; outwardly he is condemned to professing supreme belief in his ideas. This burden may easily deteriorate the design process into a vacillation between potency and impotence.

In the case of the apartment building in Hamburg's Hammerbrook district, an industrial area directly adjoining the city proper, a clichéd requirement created the paradoxical basis for experimentation.

A last-minute realization by the urban planners led to the requirement for a residential component of twenty percent on the remaining vacant sites in Hammerbrook. And yet how should an apartment building in a previously homogeneous industrial area look? The demand for the use of brickwork indigenous to Hamburg, formulated in the competition requirements, seemed – to us – an unconsidered cliché. In the middle of large-scale mirrored glass buildings, we wanted to experiment with new materials. We were interested in creating identity without resorting to otherwise valid conventions and dimensions.

The result was a turquoise-green glass-brick façade facing the Nagelsweg with a surface that changes according to weather. In rain it glimmers dark-green; in sunshine it takes on a matt appearance, white-green with translucent corners; in darkness the bathrooms shine through from within as yellow shapes: an experiment with calculable risks.

The rear façade, similarly responsive to weather conditions, is glass-clad with window panels that open to the outside. Closed in winter, the louvered glass panels, in summer, give depth and structure to the façade, painting an ever-changing image.

Contrasting with the dominant, coarsely built office blocks, the apartment building is a made-to-measure, well-clad element unique in its environment.

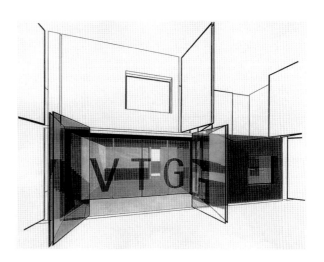

BÜROHAUS AM HALENSEE

OFFICE BUILDING ON HALENSEE

## Objekt und Stadt

Der Gegensatz von Objekt und Stadt, von Individualität und Masse wird besonders beim Bürohaus am Halensee deutlich. Im Dialog mit der Stadt steht das Objekt für die geordnete, vollendete Form, die der gemeinschaftlichen Improvisation antithetisch eingepflanzt ist. Da auch die europäische Stadt heute selten mehr als das Agglomerat anstelle des wohlproportionierten Organismus darstellt, gilt auch für sie, daß der städtische Kontext jedwede großmaßstäbliche Komposition negiert, während das Objekt für den beherrschbaren Organismus mit präzise gesteuerten Funktionen steht. Die alles nivellierende Masse des städtischen Körpers überläßt einzelnen Objekten, stellvertretend für eine fehlende Struktur, die Rolle des großen Auftritts. Die städtebauliche Dimension eines Grundstücks und das Thema der Bauaufgabe machen eine Entscheidung darüber notwendig, entweder das Netz zu stärken oder aber objektbezogen zu denken.

Das Grundstück am Halensee verkörpert diese Art städtischer Dimension eines einzelnen Ortes. Die architektonische Zeichenhaftigkeit des Hauses entwirft eine Vision, sie fokussiert den Verkehr in diesem Zeichen und bezieht sich umgekehrt auf ihn. Da der Verkehr in Form von Schnellstraßen seine gestaltende Kraft verloren hat, ist er nicht mehr Träger des Embellissements. Hier muß das Objekt Orientierung und formale Überhöhung anstreben.

Da der Stadtplanung die Instrumentarien für eine großflächige Steuerung fehlen, löst der architektonische Eingriff als örtliche Injektion eine ehemals die ganze Stadt denkende Planung ab. Der architektonische Entwurf als Antithese zum Stadtbrei kann aber nur eine Alternative bieten, wenn er eine öffentliche Komponente besitzt. Autistische Hochhäuser sind zerstörerisch für die Stadt. Deshalb muß die Architektur eine Bühne sein und öffentlichen Raum bieten können. Im Bürohaus am Halensee sind solche Elemente der großzügige Eingangshof, der öffentlich nutzbare Pocket Park mit der Kaimauer gegen den Strom der Autobahn und die dreigeschossige Lobby mit Brücken und

Treppen, die zur Cafeteria führen. Es muß einen Dialog zwischen Objekt und Stadt geben, in diesem Fall zwischen dem Zeichen und dem semantisch zurückhaltenden Wohnquartier, zwischen der fließenden Form und der Dynamik des Verkehrs, zwischen den privaten Häusern und den öffentlichen und halböffentlichen Bereichen des Bürogebäudes. Objekt und Stadt müssen sich gegenseitig stützen.

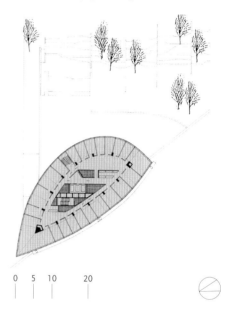

0 5 10 20

Bürogeschoß
Office floor

## Object and City

The contrast between object and city, individuality and mass, is especially apparent in the office building on Halensee. In its dialogue with the city the object represents ordered, perfect form, antithetical to the communal improvisation. Since European cities of today are rarely more than agglomerates instead of well-proportioned organisms. The urban context negates any large-scale composition, while the object itself is an exponent of a governable organism with precisely controlled functions. The levelling mass of the city surrenders the leading role to individual objects in lieu of a lacking structure. The urban dimension of a site and the theme of the building task call for a decision on whether to strengthen the existing network or to exemplify the object.

The site on Halensee embodies this type of urban dimension at a specific location. The building's quality to be an architectural sign of a vision, giving focus to the traffic and, conversely, relating to it. Since traffic in the form of super-highways is no longer an (urban) design force, it cannot play a decorative role. Hence the object must strive to provide orientation and elevation.

Urban planning does not have the tools for large-scale manipulation. Here, the architectural gesture – as a local boost – takes on a task formerly effected through urban planning. Architectural design as antithesis to an urban "quagmire" can, however, only provide a true alternative if it has a public component. Autistic skyscrapers are destructive in a city's environment. The architecture must therefore be a stage and public forum. In the case of the office building on Halensee, these qualities are found in the generous proportions of the access courtyard: a pocket park with a quay to protect against the flow on the highway, and the three-storey lobby with bridges and stairways leading to the cafeteria.

There must be dialogue between object and city, in this case between the symbol and the semantically unobtrusive residential domain, between the flow and dynamism of traffic, between the private buildings and the public and semi-public areas of the office building. Object and city must be mutually supportive.

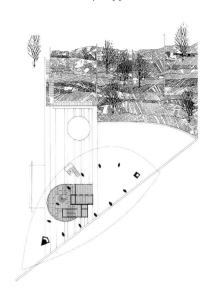

Zwischengeschoß mit Zugang zur Dachterrasse

Mezzanine floor with access to roof garden

46

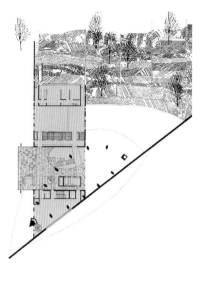

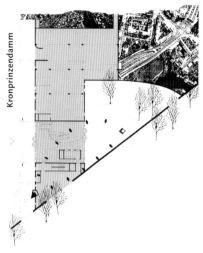

Kronprinzendamm

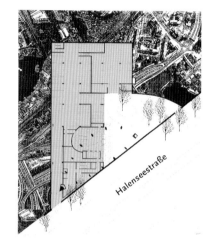

Halenseestraße

Souterrain mit Vorfahrtshof, Einfahrt zur
Tiefgarage und Zugang zur dreigeschossigen
Eingangshalle
Basement with vehicle drop-off, access to
underground car park and 3-storey entrance
hall

Erstes Obergeschoß mit Cafeteria und
Konferenzräumen
Second floor with cafeteria and conference
rooms

Erdgeschoß mit Zugang vom Kronprinzendamm, Parkgarage für Wohnbebauung
Ground floor with access from Kronprinzendamm, car park for the apartments

06.08.96

Das Gebäude bezieht seine Form aus dem Transitorischen, aus der Bewegung und gibt dem Ort im Gegenzug eine ästhetische Kraft zurück. Aus dem Häßlichen entsteht ein Reiz.

## Verkehr

Erst durch das Bürohaus ist das Grundstück zu einem Ort geworden. Ohne die Bebauung war es nicht vorhanden: es war ein Rest, ein Randstreifen der Stadtautobahn, halb so breit wie diese, dazu hochkontaminiert von Abgasen und Lärm. Die zerstörerische Seite des Verkehrs war allein beherrschend, seine Aggressivität war an dieser Stelle nicht mehr zu überbieten.

Es war ein Baugrund wie auf Fließsand, eine Sandbank im Fluß. Das Bürohaus sollte versöhnen können mit der Feindlichkeit der vorbeischießenden Fahrzeuge, indem es das Gesamte, das ununterbrochen Fließende erlebbar macht.

Seine Form sympathisiert mit der Geschwindigkeit als treibender Kraft der Stadt. Sie wird geschliffen vom Tempo, sie nimmt Bezug mit ihrer flüchtigen Form auf die Optik des Autofahrers. Sie heroisiert die Dynamik des Ortes. Das Haus nimmt dem Verkehr seine Häßlichkeit, indem es zu ihm Distanz schafft. Die Lärmschutzwand mit dem Hügelgarten ist wie eine Kaimauer, ein bändigendes Ufer gegen den Strom. Die doppelschalige Fassade schafft Abstand, der den Verkehr zur Kulisse werden läßt. Der Blick durch das schützende Glas zeigt eine filmgleiche großstädtische Landschaft aus strömenden Fahrzeugen und Lichtschleifen.

## Traffic

The office building alone has made a location out of an empty lot. Before its construction it did not really exist, it was but a remainder, a margin next to the city highway, only half the width of the highway and highly contaminated by exhaust fumes and noise. The destructive force of traffic was dominant and excessively aggressive at this site.

It was like building on shifting sands, on a sandbank in the middle of a river. The office building was to reconcile the space to the animosity of the cars speeding past by giving the possibility to experience the whole ceaseless flow.

The shape of the building is in sympathy with speed as a driving force of the city. It is polished by speed, its streamlined form a reference to the vision experienced by the driver. It elevates the dynamism of the location to a heroic level. The building lessens the ugliness of traffic by creating distance to it. The noise protection wall with an undulating garden is like a quay, protection from the river of cars speeding by. The double-skin façade creates the distance which turns the traffic into a mere backdrop. The view through the protective glass reveals a movie-like urban landscape composed of passing cars and loops of light.

The building derives its shape from the transitoriness, from the movement itself and gives the location an aesthetic power. Beauty is thus born out of ugliness.

51

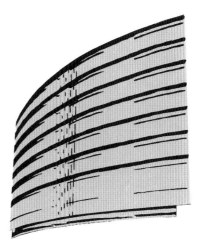

Ansichten der Eingangshalle
Views of entrance hall

Schnittzeichnung des Vorfahrtshofes mit
Wasserfall an der Schallschutzmauer
Section through the vehicle drop-off with
waterfall on the noise protection wall

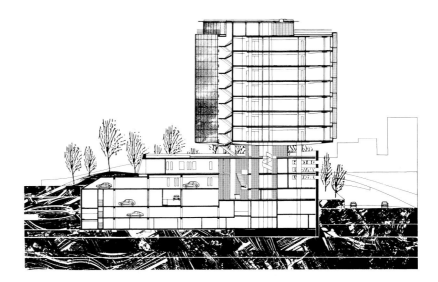

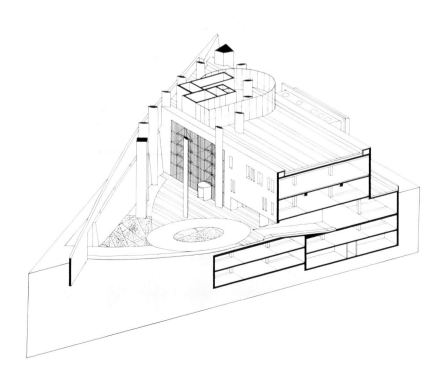

## Lärmschutzfassade

Der Einsatz einer doppelschaligen Glasfassade verlangt zuallererst eine Antwort auf die Frage nach der Indikation, dem Grund ihrer Anwendung. Dieser ist wesentlich vom Standort und der geplanten Nutzung des Gebäudes abhängig. Beim Bürohaus am Halensee rechtfertigte die unwirtliche Nachbarschaft der lärmigen Stadtautobahn den Schutz der eigentlichen Fassade durch eine zweite Haut aus Einscheiben-Sicherheitsglas.

Der energetische Nutzen durch Aufheizung im Winter ist willkommen, die Vermeidung von Hitzestaus im Sommer und die Forderungen des Brandschutzes mußten allerdings bei der Konstruktion berücksichtigt werden. Beides wurde hier anders gelöst als beim Bürohaus in Hamburg.

Die konventionelle Alternative zur zweiten Haut wäre eine Schallschutzverglasung mit klimatisierten Räumen gewesen, die jedoch sowohl betriebstechnisch als auch arbeitshygienisch obsolet sind.

Eine Perforierung der Außenhaut für eine natürliche Ventilation und Entrauchung verbot sich wegen des Verlustes an Schallschutz und der verdreckten Luft. Die Entscheidung fiel zugunsten eines hermetischen Systems aus, mit einer einfachen Be- und Entlüftung durch außen sichtbare Blechröhren. Diese dienen auch zur Entrauchung, da aufgrund der Sprinkler-Anlage nicht mit heißem Qualm zu rechnen ist. Der Fassadenzwischenraum mußte geschoßweise in feuerbeständige Abschnitte aufgeteilt werden.

Die Sonnenschutzrollos liegen dicht hinter der äußeren Glashaut und sind auf diese Weise vor Wind geschützt. Auf eine Sonnenschutzverglasung, die auch im Winter die Strahlung abhält, konnte so verzichtet werden. Der begehbare Zwischenraum von 85 cm Breite bildet bei Kälte ein Dämmpolster (passiver Wärmeschutz) und wirkt schon bei diffuser Strahlung als Sonnenfalle.

Ein Vorteil der doppelten Verglasung ist die mögliche Nachtkühlung im Sommer, wenn die Speichermasse des Hauses wirksam werden kann. Aus diesem Grund gibt es keine Hohlraumböden, sondern Verbundestrich und keine flächig abgehängten Decken, sondern einzelne Deckensegel mit Akustikelementen und Leuchten.

Die innere Fassade besteht aus raumhohen Schiebetüren, die, im Gegensatz zu Drehflügeln, keine Rücksicht bei der Möblierung verlangen und eine großflächig teilbare Fassade ermöglichen. Die eingeschränkte Wind- und Schalldichtigkeit von Schiebefenstern stellt wegen der Außenhaut kein Problem dar.

Mechanische Abluft der Doppelfassade, Frischluft strömt vom Dach her nach.
Air extract in double glazed façade, fresh air is supplied from the roof.

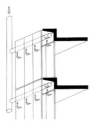

## Noise Protection Façade

The double-skin façade calls first and foremost for an explanation justifying its use. This is essentially given in the location and the projected utilization of the building. In the case of the office building on Halensee, the inhospitable proximity of a noisy urban highway justified the protection of the actual façade through a second, single-glazed safety glass skin.

The thermal energy gained in winter is welcome, though the avoidance of overheating in summer, and the requirements of fire protection had to be integrated into the design. The solutions found here were very different than for the office building project in Hamburg.

The conventional alternative to a second skin would have been a sound-absorbing glazed façade with fully air-conditioned rooms which have become obsolete from the point of view of building services and work environment hygiene.

The outer skin could not be perforated for natural ventilation and smoke exhaust because of the loss in noise protection that would result and the air pollution present at the site. The decision settled in favour of a hermetically closed system with simple ventilation and fresh air intake by means of sheet metal tubes visible on the outside. These also serve the purpose of smoke exhaust, since a sprinkler system prevents excessive risk from heat in case of fire. The façade cavity was divided into fireproof, floor-to-ceiling sections. The sun protection blinds are installed just inside the outer glazed skin and are thus shielded from wind. This made insulating glazing, which deflects incident radiation even in winter, unnecessary. The cavity is 85 cm deep, large enough to step into; it creates a buffer zone in cold weather periods (passive thermal protection) and acts as a suntrap even for diffuse radiation.

Double glazing provides the added advantage of night cooling in summer, where the storage capacity of the building can take effect. For this reason hollow floors have been omitted in favor of compound screed floors, and individual ceiling canopies equipped with acoustic units and lights were installed instead of uniformly suspended ceilings.

The inner façade consists of floor-to-ceiling sliding doors which do not interfere with the furnishing of a room, as normal hinged rotating door panels would, and which make the articulation of the façade in large sections possible. The limited wind and sound impermeability of sliding windows poses no problem because of the second skin.

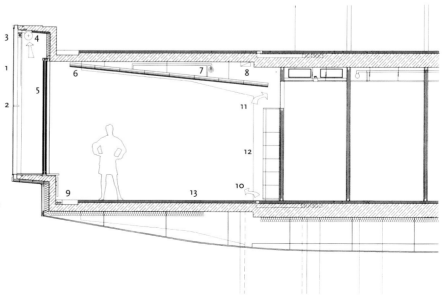

1 ESG-Verglasung prestressed glazing
2 Planar-Fittings planar fittings
3 Sonnenschutz-Stores sun protection curtain
4 Absaugkanäle air extract ducts
5 Isolierglas-Schiebetüren sliding doors with thermal glazing
6 Akustiksegel mit Beleuchtung, Rohdecke sichtbar
  acoustic panel with integrated lighting, structural ceiling visible
7 Sprinklerleitung sprinkler pipe
8 ELT-Verteilung Decke electrical supply ceiling
9 ELT-Verteilung Bodentanks electrical supply floor
10 Quelluft-Bodenauslaß, Rohrführung in Rohdecke
  air supply floor, ducts in structural slab
11 Quelluftabsaugung air extract
12 Stützen mit Kragarmen columns with cantilever

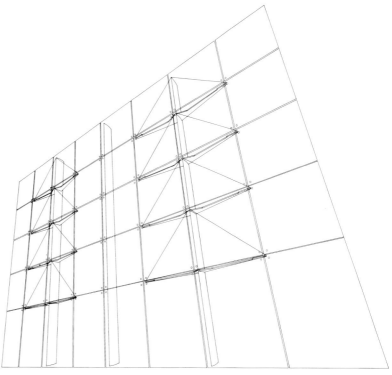

WOHNHAUS SCHLESISCHE STRASSE

APARTMENT BUILDING SCHLESISCHE STRASSE

  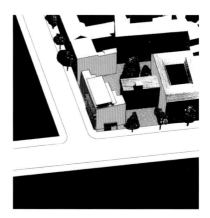

**Der zufällige Blick**

Die moderne Optik hat den zufälligen Blick entdeckt, den Einblick in Zwischenwelten. Nicht mehr das Objekt allein ist darstellenswert, endlich ist es auch das Flüchtige. Überträgt man diese Perspektive auf den architektonischen Raum, tun sich Spalten und Schlitze auf, inszenierte Zwischenräume, ein Pathos des Zufälligen.

Beim Wohnhaus in der Schlesischen Straße ließen wir uns von dieser Idee leiten. Nicht der Schulterschluß zu den Nachbarn, sondern die beiläufige Sicht in die Tiefe des Häuserblocks war uns wichtig. Die grandiosen Brandwände, Zeugen der Kriegszeit, sollten als eine besondere Perspektive sichtbar bleiben. Auf diese Weise entstand ein widersprüchliches Konzept aus solitärem Haus und Blockrandschließung. Die Labilität dieser Ordnung macht die kurzatmigen Leitbilder des Städtebaus sichtbar: Blockraster, Kriegszerstörung, Flächenabriß, Rückversatz der Straßenflucht beim Nachbarn für ein Schnellstrassenprofil, Wiederentdeckung der rue corridore.

Der Entwurf stellt diese Brüche als ein Stück Information heraus. Er degradiert die gewöhnliche Ecke zum Klischee und sucht eine neue, mehrdeutige Form: ein Vexierbild aus Autonomie und Unterordnung.

An dieser sonst städtebaulich schwachen, amorph bebauten Straßeneinmündung entwickelt ein freigestelltes Objekt weit mehr Kraft, als eine gewöhnlich Blockecke. Das Bekenntnis zum freigestellten Objekt korrespondiert mit einer gestalterischen Abstraktion. Diese wird in der Hoffassade deutlich, die in einer skulpturalen, schrägen Faltung die Staffelung der Grundrisse wiederholt, in der Fassade zur Taborstraße, welche die Doppelparzelle andeutet und damit den Rhythmus der Straße aufnimmt sowie in den Fenstern, die rahmenlos verglaste Öffnungen sind, abstrakte Felder einer freien Komposition.

**A casual glance**

Modern optics has discovered the casual glance, the insight into intermediary worlds. No longer is the object alone worthy of representation; finally the ephemeral has joined its ranks. When this perspective is translated into architectural space, crevices and gaps open up, and the scene is set for interstitial spaces, a pathos of the incidental.

This idea provided a leitmotif for our work on the apartment building on Schlesische Straße. The shoulder-to-shoulder stance to the neighbours was less important than the casual view into the depths of the building block. Grandiose fire walls, witnesses to times of war, were to remain visible as a perspective of note. Thus was born a contradictory concept composed of a solitary building and a block edge completion. The instability of this arrangement illuminates the short-lived exponents of urban development: block grids, war destruction, extensive demolition, recessing neighbouring buildings to accommodate a traffic artery and rediscovery of the rue corridore.

The design exposes these breaks as a piece of information. It degrades the usual building corner to a cliché and seeks a new, ambivalent form: a picture-puzzle of autonomy and subordination.

From an urban-design perspective, at this weak, amorphously built convergence of roads, a free-standing object develops much greater force than the standard corner block ever could. The commitment to the free-floating object corresponds to an abstraction in design. The latter is manifest in the courtyard façade whose sculptural, slanted folds repeat the layered ground plans; in the façade on Taborstraße, which alludes to the double lot thus picking up the rhythm of the street; and, finally, in the windows, which are frameless glazed openings, abstract fields in a free composition.

62

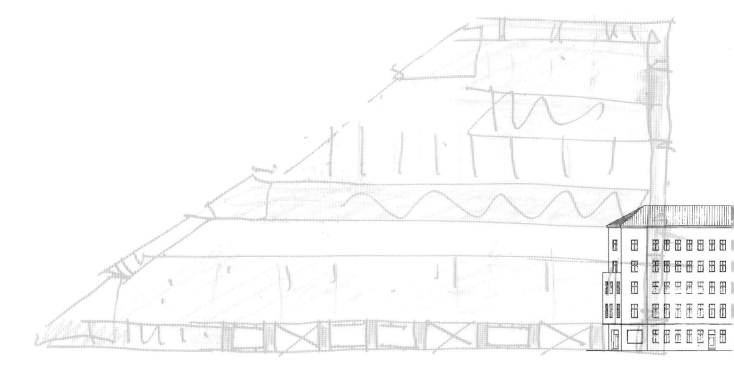

## Flexibilität

Immer wieder ist es der Wohnungsbau, der an die Architekten die Herausforderung stellt, nach dem Zeit-
genössischen und Zukunftsfähigen zu
suchen. Seine Variationen scheinen
endlos zu sein, denn es geht immer
auf's Neue um das dauerhafteste
architektonische Thema, die Kultur
des Wohnens. Dieser langen Genea-
logie etwas hinzuzufügen, bedeutet
vor allem, aus den Fesseln der Förder-
richtlinien Ideen zu ziehen.

Da jede Art von Experiment Geld
kostet, haben wir für das Wohnhaus
an der Schlesischen Straße ein Aus-
gleichsgeschäft vorgeschlagen, das in
einem aufgeklärten Stadtplanungsamt
einen Partner fand. Im Gegenzug zu
höheren Investitionen, verursacht
durch Mehrkosten aus Innovationen,
wurde dem Bauherrn eine höhere Aus-
nutzung des Grundstücks zugestan-
den. Dies ist ein Modell, das in ähnli-
cher Weise auch für das Bürohaus am
Halensee angewendet wurde.

So gelang es uns, die Hofseite mit
schrägen, doppelschaligen Glasfassaden auszustatten, die als Kältepuffer
und als Sonnenfallen aktiv sind. Eine
gefaltete, einfach-verglaste Schlosser-
konstruktion mit ausstellbaren Klapp-
flügeln bestimmt die Form der Garten-
seite. Dicke, durchgemauerte Außen-
wände mit Glattputz ergänzen das
Konzept der Klimahülle zur Straße
hin.

In den Grundrissen bedeutet das
experimentelle Moment vor allem eine
Auseinandersetzung mit der Flexibilität im Wohnungsbau. Die Organisa-
tion rationalisierter und minimierter
Grundrisse findet im Spannungsfeld
von Offenheit und Determination
statt. Dieses sind die Ecksteine zwischen dem einen, groß fließenden,
teilbaren Raum und einer Wohnung
mit einem knapp zugeschnittenen,
starren Grundriß. Dort, wo Raum nur
beschränkt zur Verfügung steht, kann
nicht die Großzügigkeit, sondern best-
enfalls die Art der Wände Flexibilität
bieten.

Sowohl im Wohnhaus an der Schlesischen Straße als auch im Projekt am
Nagelsweg in Hamburg, haben wir
durch den Einbau raumhoher, breiter
Schiebetüren eine beliebige Schalt-
barkeit von Räumen, eine freie Zirku-
lation und ein Höchstmaß an Transparenz auf geringer Grundfläche
ermöglicht. Auf diese Weise kann der
Grundriß angepaßt werden an die
komplexen Wohnfunktionen im Tages-,
Jahres- oder Lebenszyklus der Bewohner.

Die Enfiladen der Schiebetüren er-
möglichten den Verzicht auf hierarch-
ische Raumgrößen zugunsten von
gleichgroßen Zimmern. Verbunden
mit doppelflügeligen Glastüren und
verglasten Wänden verleiht dieses
Konzept auch einem beengten Raum
Atem.

Schrägverglasung als Sonnenfallen

Statisches System

Flexible Raumgrößen

Funktionale Zonierung

Bevelled glazing as sun-traps

Structural system

Flexible room sizes

Functional zoning

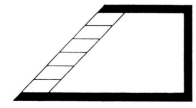 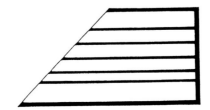 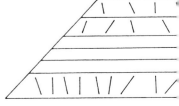

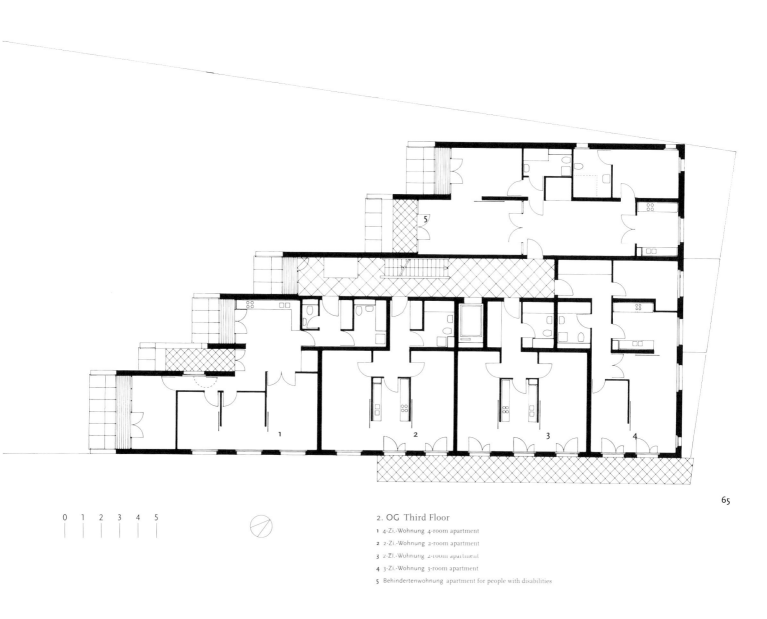

0 1 2 3 4 5

**2. OG  Third Floor**

1  4-Zi.-Wohnung  4-room apartment
2  2-Zi.-Wohnung  2-room apartment
3  2-Zi.-Wohnung  2-room apartment
4  3-Zi.-Wohnung  3-room apartment
5  Behindertenwohnung  apartment for people with disabilities

Raumhohe Schiebetüren schaffen variable Grundrisse

Sliding doors create variable floorplans

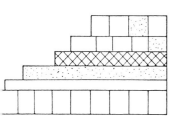

## Flexibility

Repeatedly it is the design of apartment buildings that challenges the architect to search for the contemporary and the futuristic. The variations seem endless, for they always address the most enduring theme in architecture: the culture of living. To add something new to this long genealogy means, above all, deriving ideas from the limitations set by social housing guidelines.

Since any type of experiment costs money, we have suggested an transaction deal for the apartment building on Schlesische Straße and were able to find a partner in an enlightened thinking city planning office. As compensation for a higher investment caused by the additional cost for innovation, the client was offered a more efficient use of the property. This model was applied in a similar manner to the office building on Halensee.

Thus we could equip the sides facing onto the courtyard with slanted, double-skin glass façades that act as cold buffers and sun traps. A folded, single glazed locksmith construction with adjustable louvres defines the shape of the garden side. Thick masonry external walls with a smooth finish complete the concept of a climatic envelope facing the street.

In the floor plans, the experimental approach is present in a reflection on the flexibility in the design of apartment buildings. The organization of rationalized and minimized floor plans occurs by virtue of the tension created between openness and determination. These are the cornerstones between one large, dividable room and an apartment with a tight floor plan. Where space is limited, flexibility can best be achieved by the types of walls, not by reducing the number of rooms.

In the apartment building on Schlesische Strasse, as well as in the project on Nagelsweg in Hamburg, we have achieved flexible room allocation, free circulation, and maximum transparency in a small area by installing wide floor-to-ceiling, sliding doors. These allow for adjustments of the floor plan to the complex living functions arising from the daily, yearly and life cycle of the occupants.

The progression of the sliding doors made it possible to forgo hierarchical room dimensions and instead create rooms of equal size. In combination with double glass doors and glazed walls, this concept creates breathing room even in a confined space.

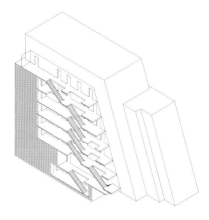

Brandmauer des Nachbarn: Lichtspiegelungen
der Wintergärten
Party wall to adjacent building: light
reflections of winter gardens

RENÉE-SINTENIS-SCHULE

RENÉE-SINTENIS-SCHOOL

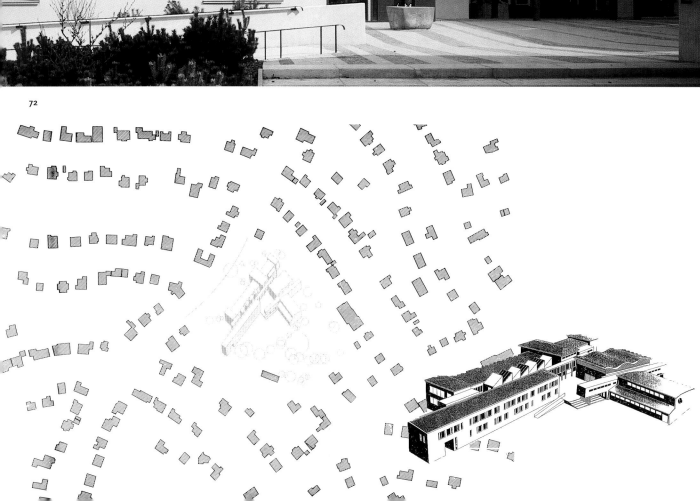

## Typologie

Das Entwurfsthema für die Erweiterung der Renée-Sintenis-Schule lag auf der Hand: es hieß Verdopplung des Bestehenden – „Verdopplung" sowohl in programmatischer wie typologischer Hinsicht, also inhaltlich und formal. Als architektonischer Typus lag dem Altbau ein langgereckter Körper mit einer einhüftigen Erschließung zugrunde. Mit dem Altbau hatten wir das typologische „Modell": ein Grundschulgebäude von 1957, das gleichermaßen von Funktionalität und Gestaltwillen geprägt war, in einer einfachen, selbstverständlichen Qualität, die wir nicht überformen, sondern für den Neubau verbindlich machen wollten.

Es reizte uns, die typologische Struktur weiterzudenken und neu zu interpretieren, das Thema „Erweiterung" durch Spiegelung, Addition, Variation, und Pointierung des Vorhandenen auszuloten und damit die Wandelbarkeit der Grundform zu zeigen. Aus dem Einbund- wurde ein Dreibund-System, aber die Spur des alten Zustandes blieb ablesbar.

Durch die Verlegung des Schwerpunktes – den im Altbau die Eingangshalle darstellte – nach außen in der Form eines geschlossenen Hofes, wird die Ansammlung der unterschiedlichen Bauten wieder zu einem Ensemble, zu einem neuen zusammenhängenden Ganzen. Der Hof ist das Gravitationszentrum, in dem sich alle Lauflinien der Schule kreuzen: die über die reine Addition und Transformation hinaus zusammenhaltende Idee.

## Typology

The design theme for the extension of the Renée-Sintenis-School was obvious: it meant simply doubling the existing – "doubling" in terms of programme and typology, in terms of content and form. The existing building was characterized by a long main structure with a single axis access. Thus it furnished us with a typological "model": a public school building dating from 1957, articulating functionality and a will to design, possessing a simple, natural quality. We had no desire to obfuscate this. Rather, we intended to preserve this quality and harmonize it with the new building.

We were inspired to reflect further on the given typological structure and to reinterpret it, to fully explore the theme "extension" by means of mirroring, addition, variation, and emphasizing the existing form, thus demonstrating its changeable nature. The single axis was altered to a triple-axis system, while traces of the original form were left intact.

By shifting the focus – centred on the entrance hall in the older building – to the outside in the form of an enclosed courtyard, the collection of different buildings once again became an ensemble, a newly coherent whole. The courtyard is the gravitational centre where all lines of the school cross: the common ground beyond pure addition and transformation.

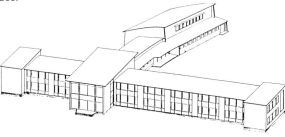

Das Hofplateau als neues Gravitationszentrum
The courtyard level as the new gravitational
pool

Rechte Seite: 1. Altbau, Abriß des Verbindungs-
traktes, 2. neue Gebäudeteile, 3. Addition aller
Teile
Right: 1. Old building, demolition of connect-
ing structure, 2. New buildings, 3. The sum of
all building parts

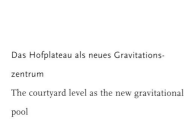
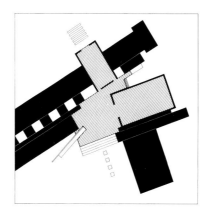
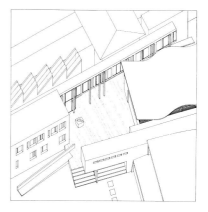

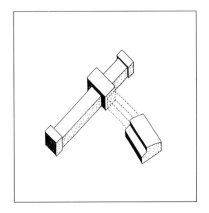 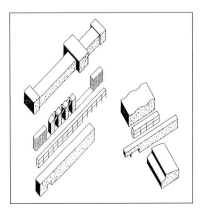 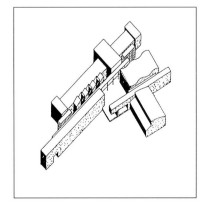

## Kontrolle und Zufall

Ein Teilabriß des vorhandenen Schulgebäudes wäre durchaus möglich gewesen, doch uns interessierte der Dialog und die Auseinandersetzung mit dem Vorhandenen. Dabei haben wir nicht nach einer neuen Harmonie gesucht, die das Alte gefügig macht und integrierend vollendet. Der Faktor Zeit ist im Entwurf sichtbar gemacht durch eine reziproke Archäologie: die Anlagerung von Gebäudeschichten, von neuen Nutzungsschichten, von Sedimenträumen. Gezähmte Zufälligkeiten und vorsichtige Kollisionen versuchen, Kontraste und Überraschungen zu erzeugen.

Aus der Betrachtung von Stadtkörpern haben wir gelernt, daß es keine finite Form eines gebauten Organismus gibt. Die Apokalyptiker mit ihrer Angst vor dem Chaos und dem Unplanbaren, konnten auch mit rigiden und rigorosen Planungen nicht das Ganze denken. Ihre Städte sind Torsi geblieben, neuinterpretiert worden oder dort, wo sie mit Macht vollendet sind, zu leblosen Modellen erstarrt. Der Aspekt des Widerspruchs, der Diskontinuität, der Mehrdeutigkeit bietet immer ein intellektuelleres Milieu als

eine allgegenwärtige Ordnung. Die Reibung an Vorhandenem schafft erst die Voraussetzung für einen Dialog. Wie die Schichten und Geschichten der Städte, faszinieren uns immer wieder umgewidmete Gebäude. Ihre historische Tiefe bestimmt ihre Authentizität, aber auch ihre Poesie. Gerade Planänderungen und Uminterpretationen machen Gebäude interessant. Ihre Brüche und veränderten Bezüge reizen Intellekt und Emotionen gleichermaßen.

Colin Rowe hat im Zusammenhang mit vielen Beispielen für anverwandelte Gebäude oder Neudeutungen von Stadtgrundrissen auf das Gegensatzpaar Tradition und Utopie hingewiesen und auch darauf, daß erst durch das Zusammenwirken beider in einem einzigen Plan das Revisionistische vom Traditionsaspekt und das Totalitäre von der Utopie sich löst.

Seit Rodin den Torso als eine vollendete künstlerische Form entdeckte, schließt die architektonische Aufgabe von Umbau und Erweiterung auch das Thema Fragment und Leere mit ein. Auch sie sind Phänomene, die zum bewußten Kalkül eines Entwurfs gehören, der in der Auseinandersetzung mit dem Vorhandenen nicht von der tabula rasa träumt. Die widerspenstigen Altbauten sind daher für uns eine architektonische Herausforderung.

Beim Weiterbauen der Renée-Sintenis-Schule von 1957 haben wir versucht, einen solchen Dialog zu führen. Durch die längsseitige Anlagerung der Neubauten entstanden kontrollierte Raumbildungen in Längsrichtung, aber auch zufällige, unkontrollierte Querbezüge mit überraschenden Durchblicken. In der Spiegelachse entstehen zwischen Alt- und Neubauten Resträume, die im fertigen Zustand zu bepflanzten Atrien wurden.
Die Schulgebäude sind zu einer neuen, komplexen Komposition geworden. Sie interpretiert das Vorgefundene neu. Das Alte ist ohne die Anbauten nicht mehr denkbar. Kontrolle und Zufall waren gleichermaßen planerische Absicht.

Erdgeschoß
Ground Floor

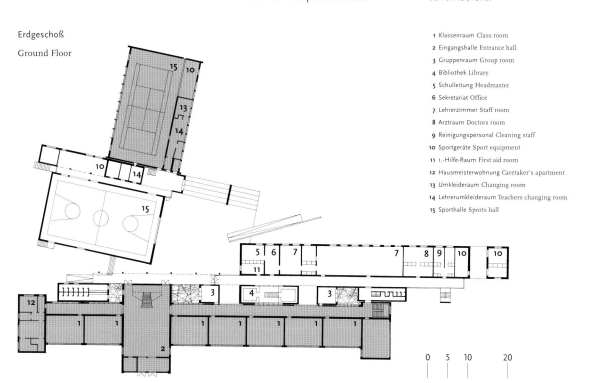

1 Klassenraum Class room
2 Eingangshalle Entrance hall
3 Gruppenraum Group room
4 Bibliothek Library
5 Schulleitung Headmaster
6 Sekretariat Office
7 Lehrerzimmer Staff room
8 Arztraum Doctors room
9 Reinigungspersonal Cleaning staff
10 Sportgeräte Sport equipment
11 1.-Hilfe-Raum First aid room
12 Hausmeisterwohnung Caretaker's apartment
13 Umkleideraum Changing room
14 Lehrerumkleideraum Teachers changing room
15 Sporthalle Sports hall

0  5  10    20                    50

## Control and Coincidence

While partial demolition of the original school building may have been feasible, we were far more interested in a dialogue with and an exposition of the existing school. In this we were not seeking a new harmony which tames and integrates the old. Instead, time takes visible form in the design through a reciprocal archaeology: the accumulation of layers, of new levels for use, of sedimentary rooms. Tamed coincidences and cautious collisions create elements of contrast and surprise.

The study of urban blocks has taught us that there is no finite form of a built organism. Doomsday proponents, with their fear of chaos and of all that cannot be foreseen, were unable to envision a whole, even with the aid of rigid and rigorous planning. Their cities are torsos; they have been reinterpreted or have, when completed with force, frozen into lifeless models. Contradiction, discontinuity, and ambiguity create a more fecund intellectual milieu than omnipresent order could ever be. Yet friction with the existing is a prerequisite for dialogue. We are again and again fascinated by rededicated buildings, much the same as we are enchanted by the layers and histories of cities. Their authenticity and poetry are defined by their historic depth. Plan modifications and new interpretations especially make buildings interesting. The breaks and changed reference points stimulate the intellect and the emotions.

Colin Rowe has pointed out the complementary pair Tradition and Utopia in the context of many examples of converted buildings or new interpretations of city plans and has shown that only the cooperation of both elements in a single plan succeeds in separating the revisionist from the traditional and the totalitarian from the utopian.
Ever since Rodin discovered in the torso an accomplished artistic form, the architectural tasks of renovation and extension have come to include the aspects of fragment and emptiness. These are phenomena that must be part of any deliberate design calculation that does not merely wipe any exposure to the existing structure clear off the table. These obstinate older buildings therefore present us with an architectural challenge.

In designing an extension to the Renée-Sintenis School, originally built in 1957, we have sought such a dialogue. The placement of the new buildings at the long sides of the older building resulted not only in new, controlled spatial relationships along that side, but also in incidental, uncontrolled transverse links with surprising vistas. Between the original and the new buidings along the axis of affinity rest areas are developed and were transformed into planted atria after completion.
The school buildings have metamorphosed into a new and complex composition. The previous structure has been freshly reinterpreted and is now unthinkable without the additions. Control and coincidence were design intentions of equal measure.

Obergeschoß
Second floor

1 Klassenraum Class room
2 Sprachliteratur Linguistic literature
3 Mehrzweckraum Multi-purpose room
4 Bühne Stage
5 Gruppenraum Group room
6 Bibliothek Library
7 Fachraum Physik Class room for physics
8 Fachraum Kunst Class room for arts
9 Umkleideraum Changing room
10 Lehrerumkleideraum Teachers changing room
11 Nebenraum Spare room

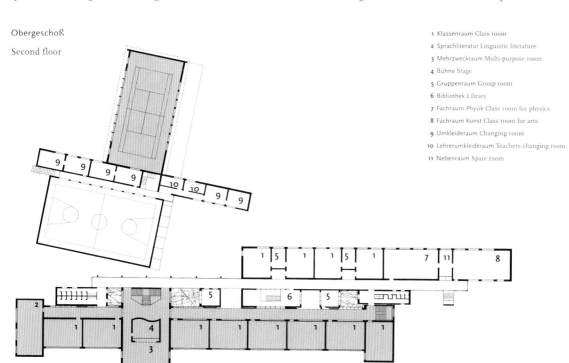

Die Tragkonstruktion der Turnhalle besteht aus
unterspannten Stahlträgern, deren Obergurt
im fertigen Zustand verdeckt wird, so daß nur
die filigranen Druckstäbe, die Spannseile und
die wellenförmigen Nebenträger formbe-
stimmend sind.
The sports hall is supported by steel girders
with tension bracing. The upper girders are
hidden in the finished building, only the
filigree pressure-bars, the tension-wires and
the wave-shaped secondary trusses determine
the form.

82

83

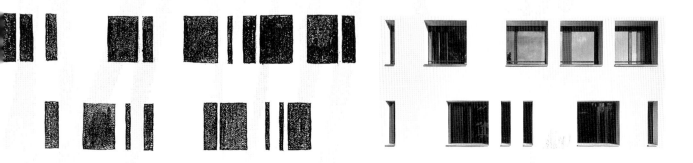

**Make Up**

Ein besonderes Merkmal der Ergän-
zungsbauten ist ihre Farbigkeit, die
nicht auf Materialhaftigkeit beruht,
sondern auf Farbtönen synthetischen
Ursprungs, chemisch erzeugt. Weniger die energetische Wirkung des
Materials als die Körperhaftigkeit der
Bauteile war uns als strategischer
Kontrast zu den Altbauten wichtig.

Die alte Schule sucht ihren Ausdruck
gerade in der poveren Materialsprache
der selbstverständlich sparsamen
Nachkriegszeit und der an natürlichen
Baumaterialien armen Stadt. Hier
gehen ungestrichener, rauher Putz
zusammen mit zaghaften Akzenten
von blaßroten Terrakottafliesen und
blaßbläulichen Stahlrahmen der Fen-
ster. Solnhofener Bruchsteinplatten
im Innern und Reste von Schiefer-
belag im Außenraum sind die sparsamen Ornamente in einem klaren funk-
tionalen Konzept, das mit beschei-
denen Mitteln die Repräsentation
eines öffentlichen Gebäudes verfolgt.

Neben diesen mit der Zeit ergrauten
Tönen, neben den durch Benutzung
abgeschminkten Wänden wirken die
Farben der Neubauten wie frisches
Make Up. Sie sind Ausdruck einer
neuen Vitalität, die auch das Alte wieder beseelt. Die Farbe ist Ausdruck
von Leidenschaft.

Die Farbe ersetzt nicht das Taktile des
Natursteins, doch ist ihre Wirkung,
ebenso wie die des Lichts, grundsätz-
lich abhängig von der Qualität der
Oberfläche und der Grundierung. Die
Transparenz oder Sattheit, ihr Glanz
oder Schimmer entsteht durch das
Material des Untergrundes. Wir haben
deshalb großen Wert gelegt auf durchgemauerte Wände mit einer absolut
glatten Putzoberfläche, auf der das
Licht scharfe, kontrastreiche Kanten
modelliert.

Wie die Ambiguität eines Entwurfes,
seine vielfältige Lesbarkeit, so sind
auch Farbtöne, die ihren Schein je
nach Stimmung des Lichtes verändern, die bezauberndsten. Die Fassa-
denfarbe des neuen Klassentraktes
entstand als Mischung aus der disso-
nanten Palette von kalt-rosa und
warm-ocker. Die erstaunlichen, extre-
men Unterschiede in der Tönung von
rötlich, gelblich bis grau-violett sind
abhängig von der Witterung, von Luft-
feuchtigkeit, Wind und Lichtfärbung.
Nur eine Mineralfarbe hat diese
Transparenz. Das Blau-Violett der
Lochfenster verändert ähnlich seinen
vorherrschenden Ton, doch ist sein
Schimmer, da der Untergrund aus
Metall ist, weniger tief.

Der Forschung über die Relativität der
Farben hat Josef Albers sein künstleri-
sches Leben gewidmet. Seine einfache
Aussage, „eine Farbe hat viele Gesich-
ter", trifft den Kern. In ihren Charak-
teren warm oder kalt, dunkel oder
hell, leuchtend oder stumpf, wird sie
psychologisch wirksam als ernst oder
heiter, mächtig oder zart, melancho-
lisch oder hysterisch.

Die Renée-Sintenis-Schule war für uns
ein Experiment, einzig mit einer Farb-
palette zu arbeiten und auf Materialtö-
ne zu verzichten. Ein Prinzip lag darin,
allen Flächen transparente, helle Töne
zu geben, unterschiedliche Bauteile in
unterschiedlichen Farben. Alle Linien,
Stäbe, Rahmen bekamen die Qualität
von Strichen durch dunkle, gesättigte
Töne. Türblätter sind schwarz, wie der
Mittelpunkt einer Zielscheibe.

Das Farbkonzept eines Gebäudes ist
immer eine Gratwanderung zwischen
langweiligen „Grau-plus-beige-gleich-
greige-Lösungen" und einer indivi-
dualistisch-terroristischen Palette. Je
privater der Raum, um so mehr muß
er individuelle Projektionsflächen für
das Persönliche bieten können.

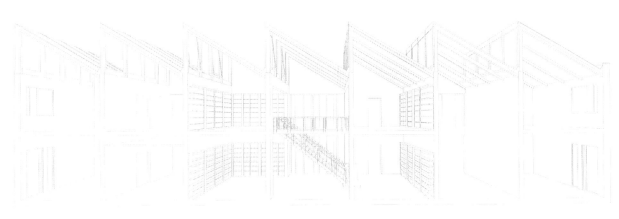

## Make-Up

Colour is a special characteristic of the additions. It does not spring from the materials, but rather is of synthetic origin, chemically produced. We were less interested in the energetic impact of the material than in the physical presence of the building components themselves in strategic contrast to the original buildings.

The old school found its expression precisely in the impoverished material language of a post-war era obviously inclined to economy in a city lacking natural building materials. Here raw, rough plaster is juxtaposed with the shades of pale red terracotta tiles and pale blue steel window frames. Quarrystone slabs from Solnhofen on the inside and shale remnants on the outside are the sparse ornaments in a clear functional concept, which employs humble means to fulfil the representational needs of a public building.

Next to these hues gone grey with the passage of time, next to the walls denuded through use, the colours in the additions are like freshly applied make-up. They are an expression of a new vitality, giving new life to an old substance. Colour is an expression of passion.

Colour does not replace the tactile quality of natural stone, yet its effect, much the same as that of light, depends in principle upon the quality of the surface and the base. Transparency or saturation, shine or brilliance arise from the ground or base material. Hence we place great value on fully masoned walls with an absolutely smooth finish on which light can model sharp edges rich in contrast.

Colours that change their hues under different light conditions, are most enchanting, as is the case with ambiguity in a design, rendering it readable in multiple ways. The façade colour of the new classroom wing originated in a dissonant palette of cool pink and warm ochre. The astonishing and extreme differences in the tonality, ranging from reddish to yellowish to greyish purple, are responsive to weather, humidity, wind, and light. Only a mineral colour can achieve such transparency and sensitivity. The blue-purple of the perforated windows also changes in hue, although its brilliance has less depth, since its base material is metal.

Josef Albers dedicated his artistic life to researching the relativity of colour. His simply statement "a colour has many faces" hits the nail on the head. A colour's characteristics, such as warm or cold, dark or bright, glowing or dull, make it psychologically effective as grave or light-hearted, forceful or tender, melancholy or hysteric.

The Renée-Sintenis-School allowed us to work solely with a colour palette and to forgo the use of material colours. One founding principle lay in assigning transparent, light hues to all surfaces, with different colours for different building components. All lines, rods, and frames adopted the quality of drawn lines through the

use of dark, saturated tones. Door panels are black, like the bull's eye in a target.

The colour concept of a building is always a balancing act between boring "grey-plus-beige-equals-greige-solutions" and an individualistic, terrorizing palette. The more private a space, the greater the need for surfaces for personal projection.

BÜROHAUS AM TELTOWKANAL

OFFICE BUILDING ON TELTOW CANAL

88

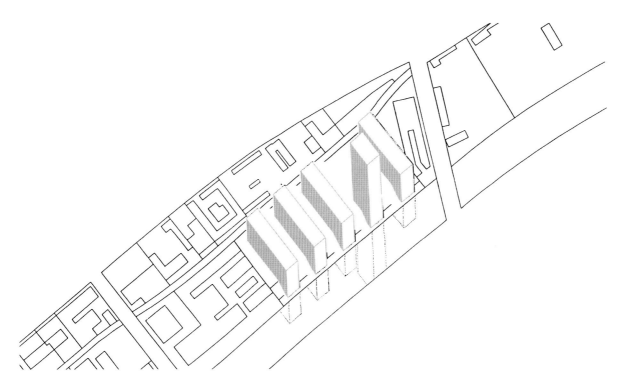

### Architektur und Spekulation

Spekulation ist eine auf die Zukunft gerichtete Handlung, Bauen ebenso. Das eine wie das andere ist auch unabhängig voneinander mit Risiken und Wagnissen verbunden, das eine in Abhängigkeit vom andern wirkt aber zuweilen fatal. Es ist heute zur Regel geworden, daß Gebäude aus der Spekulation ihren Zweck herleiten, diesem Umstand überhaupt ihre Existenz verdanken.

Das Spekulative, das naturgemäß dem Bauen und Planen eigen ist, unterscheidet sich von der Spekulation auf Gewinn allerdings fundamental. Die Risiken, mit denen beide leben, Planer wie Kaufmann, setzen unterschiedliche Mentalitäten und Weltbilder voraus. Mentalitäten, die es beiden Partnern oft schwer machen, einander zu verstehen. Das eine Risiko richtet sich auf den Eigennutz, das andere auf die Verwirklichung einer Idee. Es bleibt eine Kommunikation zwischen Idealisten und Spielern.

Die Rahmenbedingungen, unter denen Gebäude entstehen, sind abhängig von der Baugesetzgebung, aber vor allem vom Modus der Finanzierung. Die Steuergesetze, Wirtschaftsförderprogramme und Abschreibungen waren, wie bei vielen vergleichbaren Gebäuden, auch die Auftraggeber für die Bürohäuser an der Komturstraße. Diese sind auf Vorrat gebaut worden, ohne natürliches Nutzungsprofil. Unsere Reaktion auf diese Umstände war vor allem, zwischen den unwirtlichen Industrieflächen am Teltowkanal einen Ort zu schaffen, der wie eine Insel Atmosphäre entwickeln kann und eine städtische Präsenz darstellt. Es galt, die Ressourcen – nämlich die Uferzone – erlebbar zu machen und in

Ermangelung einer Fassadenfront zu einer Straße, die Uferkante zu einer Schauseite werden zu lassen. Das Ensemble aus vier Zeilen und einem Turm blieb nach der Realisation von zwei Häusern – siehe Spekulation – eine Hypothek auf die Zukunft.

Das Innere ist bewußt reduziert, ein ungestalteter Leerraum als veredelter Rohbau, lichtdurchflutet, offen für viele Arbeitskonzepte, die einschließlich Gewerbeflächen weit über die alltäglichen Mittelflur-Organisationen hinausgehen können.

Die Häuser wurden in den 12 Meter
abfallenden Hang geschoben.
The buildings are inserted into the 12 meter
deep slope.

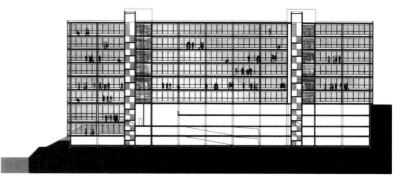

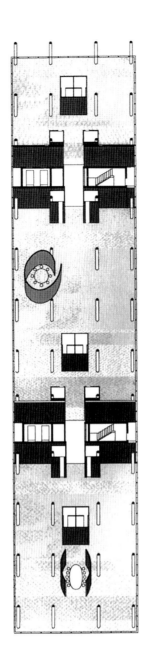
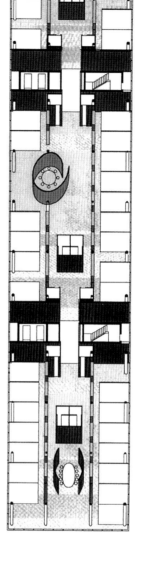
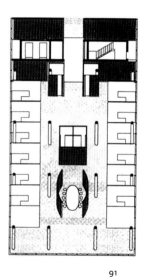

Offener und möblierter Grundriß

Open plan and furnished plan

0    5    10         20                          50

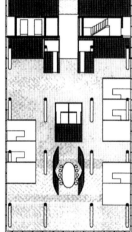

### Architecture and Speculation

Speculation is an act geared toward the future, and so is building. The two are linked independently with risks and risk taking; the one in dependence of the other has, however, at times a fatal effect. As a rule, buildings today derive their purpose from speculation, owe their very existence to this circumstance.

The speculation inherent in the nature of building and design is, however, fundamentally different from speculation for monetary gain. The risks that both the designer and the merchant take are founded in different mentalities and world views, which often make uncomfortable bedfellows of these unlikely, yet mutually necessary, partners. One risk is focused on the self-interest, the other on the realization of an idea. What ensues is a communication effort between idealists and gamblers.

The conditions out of which buildings are born are defined by the building code and, especially, by the method of financing. The taxation laws of economic sponsorship programmes and depreciation were, as for so many comparable projects, participating principals for the office buildings on Komturstraße. These were built in anticipation of future use, but without a specific utilization profile. Our reaction to these circumstances was, above all, to create an insular space in the inhospitable industrial surroundings along the shores of Teltow Canal capable of creating an atmosphere of its own and giving birth to an urban presence. The key to success lay in utilizing the experiential potential of the available resource – namely the shoreline – and, in the absence of a façade fronting onto a street, in transforming the riverbank into a showcase front. The ensemble, consisting of four rows and one tower, stands, after the construction of only two of these buildings – read speculation – as a down payment for future development.

The interior is in a deliberately reduced style, a non-formulated empty space in a refined shell, bathed in light and open to many concepts, including trade zones, and able to far exceed everyday configurations.

Der loftartige freie Raum und die Möblierung
The loft-like open space and the furniture

Der Eingang zwischen beiden Gebäuden bildet
eine Stufe über der Hangkante. Von hier
öffnet sich der Blick zum Wasser.
The entrance between the two buildings
forms a step above the edge of the slope,
providing view across the water.

## Detail

Gebäude, deren architektonischer Ausdruck veränderlich ist, die aus der Entfernung eine andere Information geben als aus der Nähe, verdanken diese Art von Geheimnis ihren Materialien und den technischen Details, durch die sich diese zusammenfügen. Diese Fügungen, die unmittelbar das Taktile und den Charakter eines Gebäudes bestimmen, werden ganz unmittelbar vom Produktionsprozeß des Bauens bestimmt. Die ausgebildeten Handwerker von gestern sind heute fast ausschließlich durch ungelernte Arbeitskräfte ersetzt, die Halbfertigprodukte mechanistisch zusammenstecken. Hieraus Konsequenzen für die architektonische Erscheinung zu ziehen, statt auf dem traditionellen Kanon zu beharren, ist eine Herausforderung, aber auch eine Schwierigkeit, (denn das Leichteste, um Toleranzen auszugleichen, sind breite Abdeckleisten). Dennoch, Räume in denen lediglich Flächen zusammenstoßen, ohne einfassende Rahmen, ohne vermittelnde, Toleranzen ausgleichende Leisten – das wäre unser Ideal.

Diese Abstraktionsversuche beim Bauen widersprechen allerdings dem architektonischen Bild, das – bewußt oder unbewußt – der DIN-Norm zugrundeliegt. Diese argumentiert zwar rein technisch, übermittelt dennoch ein bestimmtes, traditionelles Bild vom Bauen. So ist das Detaillieren in vielen Fällen kein Kampf mehr gegen das Klima, sondern gegen Ausführungsmängel und gegen eine restriktive Normung. Diese ersetzt heute weitgehend das originäre Verständnis für das Material.

Uns sind es die Versuche wert, ein Baudetail außerhalb dieser normierten Denkweise zu entwickeln, da ihm bei der Realisierung eines Entwurfs ein integrales Moment, eine eigene Idee zusteht. Das Detail sollte nicht alles verpacken, es sollte das Grobe, baulich Primäre neben dem Feinen, Zarten, konstruktiv Sekundären stehen lassen und aus dem Kontrast einen eigenen Ausdruck entwickeln. Uns interessiert das Detail „im Verborgenen", das zurücktritt als Fuge, nicht hervortritt als Rahmen, das es ermöglicht, Glasscheiben neben Putzflächen zu setzen oder Holzpaneele neben Sichtbeton, ohne Einfassung der Ränder, das es möglich macht, Raumerfahrungen ins Abstrakte weiterzutreiben, Klischees von Decken, Wänden, Böden zu verlassen, um vom eindeutigen, traditionell und funktionsorientierten zum mehrdeutigen, rein sinnlich ermittelten Raum zu gelangen.

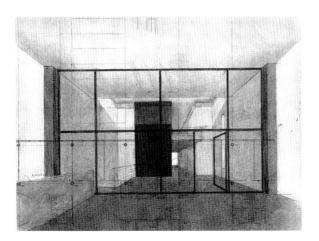
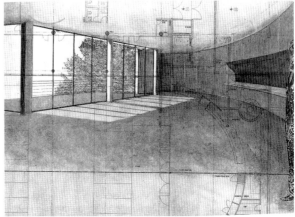

## Detail

Buildings whose architectural expression is changeable, conveying different information depending on distance or nearness, owe this mark of mystery to their materials and to the technical details that join them. The process of construction directly defines these junctures that determine the tactile quality and the inherent character of a building. The skilled craftsmen of the past have been superseded by the unskilled workmen of today who mechanically assemble prefabricated products. Drawing conclusions for architectural appearance on this basis instead of insisting on a traditional canon is a challenge and also a difficulty. The easiest solution to compensate for tolerances is the use of wide cover-molding. However, zones where surfaces simply abut without borders – without the relief of tolerance-compensating molding – would be our ideal.

These attempts at abstraction in construction, however, contradict the architectural image that is – consciously or unconsciously – the basis of the DIN standards (German Industrial Standards). The standards convey a very specific and traditional image of construction, all the while arguing on a purely technical basis. Hence, in many cases the detailing is less a struggle against the climate than against shortcomings in execution and against a restrictive standardization. The latter is today's wholesale replacement of a true understanding of the origin of materials.

We feel that the attempts to develop an architectural detail outside of this standardized thinking are worth the effort because it deserves to be given an integral energy, an idea all its own, in the process of realizing a design. A detail should not make everything into a neat little package, but should leave the raw, primary components of construction intact side by side with the polished, delicate, secondary elements of the architectural design and should develop an individual expression out of this contrast. We are interested in the "hidden" nature of detail – receding as a joint instead of articulating itself as a frame, placing glass panels next to plaster surfaces or wood panels next to raw

concrete without framing the edges. Such detail carries spatial experience beyond space and into abstraction. It surpasses the cliché of ceiling, wall and floor and creates an ambiguous space – uncovered in a purely sensual manner – that overcomes the plain, traditional and functional space.

PLANUNGEN UND WETTBEWERBE

PLANNING STAGES AND COMPETITIONS

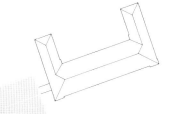

Der außerordentlich mächtige, schloß-ähnliche Backsteinbau aus orangeroten Ziegeln, der um 1910 von Ludwig Hoffmann erbaut wurde, soll zu einer Fachschule für Sozialversicherungswesen erweitert werden. Es entstehen hauptsächlich Service-Räume, welche die Unterrichtsräume des Altbaus ergänzen.

Die städtebauliche Idee sucht eine Referenz zu den benachbarten großvolumigen Industriebauten. Der solitäre Altbau wird ergänzt um einen ebenso selbstbewußten – nur durch eine körperlose Glasbrücke verbundenen – objekthaften Neubau. Die einfache äußere Gestalt kontrastiert mit den sehr unterschiedlichen Innenräumen, den ungleichen Raumvolumen sowie der inneren Komposition aus horizontalen „Landschaften" und zweigeschossigen Hallen.

Eine einfachere als die geplante Quaderform kann ein Gebäude nicht annehmen. Um so wichtiger ist eine differenzierte Material- und Detailplanung. Das neue Gebäude baut in seiner Strenge eine Spannung zwischen Alt- und Neubau, zwischen Innen und Außen auf. Die traditionellen Fensterformate und Profile werden im Neubau zu einem abstrakten Spiel aus Öffnung und Masse: die vorhandenen, leuchtend roten Ziegel kontrastieren mit großformatigen gelben Betonsteinen. Die symmetrische, neubarocke Fassade Hoffmanns erhält einen Gegenspieler, der in freier Komposition ein heutiges Bild entwirft.

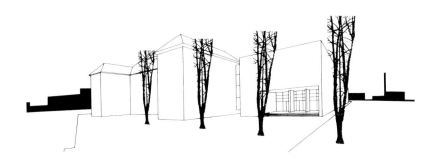

98

FACHSCHULE
TECHNICAL COLLEGE

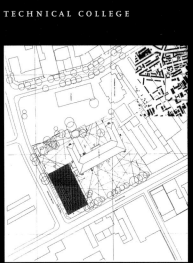

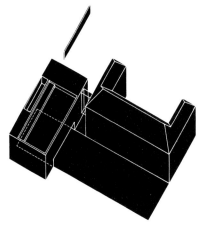

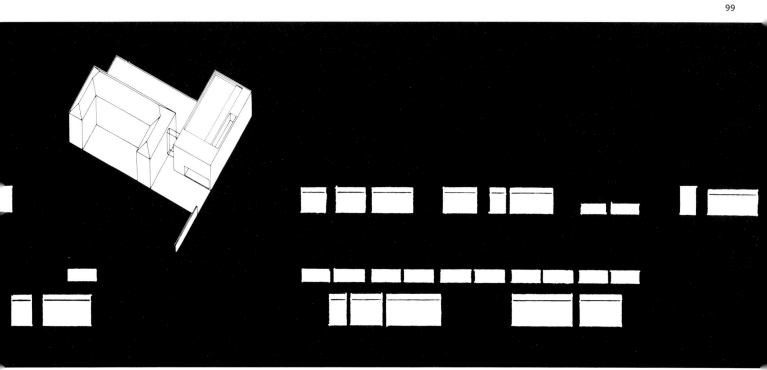

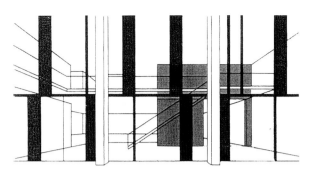

Eingang

Entrance

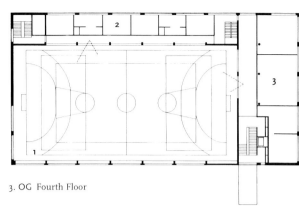

3. OG Fourth Floor

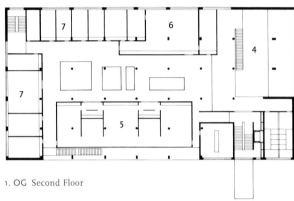

1. OG Second Floor

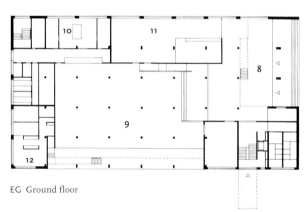

EG Ground floor

| 3. OG Fourth Floor | 1. OG Second Floor | EG Ground floor |
|---|---|---|
| 1 Sporthalle, Luftraum Sports hall, void | 4 Luftraum Eingangshalle Void at entrance hall | 8 Eingangshalle Entrance hall |
| 2 Umkleiden Changing rooms | 5 Lehrerzimmer Staff room | 9 Mensa Mensa |
| 3 Fachräume Classrooms | 6 Sekretariat Office | 10 Küche Kitchen |
| | 7 Verwaltung Administration | 11 Bibliothek Library |
| | | 12 Wohnung Hausmeister Caretaker's apartment |

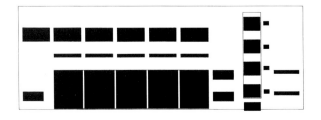

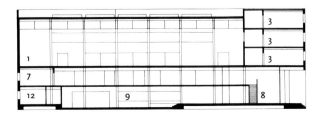

Ludwig Hoffmann built the extraordinarily massive, castle-like building known as the technical college for social services from orange-red bricks circa 1910. It is to be refurbished and extended to house the higher regional insurance office. The new facility will be extended mainly by a number of service rooms, in addition to the classrooms already contained in the existing building. The urbanization approach seeks to establish a reference to the neighbouring, large-volume industrial buildings. The solitary older building is extended by an equally confident, object-like new structure, with the link of a single, translucent glass bridge. The simple external design contrasts sharply with the great variety found in the rooms inside the building, with the different room volumes, and, finally, with the inner composition created by horizontal "landscapes" and the vertical, two-storey-high atria. A more simple shape than the square design is hardly imaginable for a building. All the more important therefore are, differentiated treatments of material and design details. The uncompromising severity of the new building creates a tension between the existing and the new, between interior and exterior.

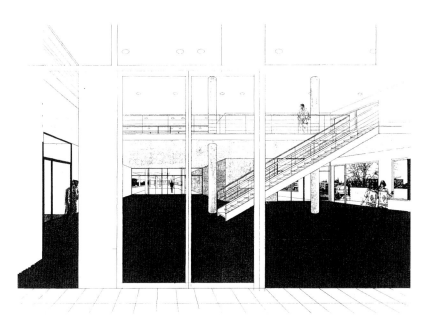

Blick in die Halle

Perspective view into the hall

In the new building, traditional window forms and profiles are transformed into an abstract play of openings and mass. The existing bright-red brickwork contrasts with the large yellow concrete blocks. The symmetrical, late-baroque façade created by Hoffmann has found a complement in a contemporary impression achieved by a free composition.

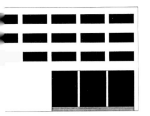

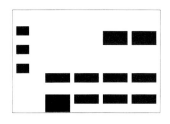

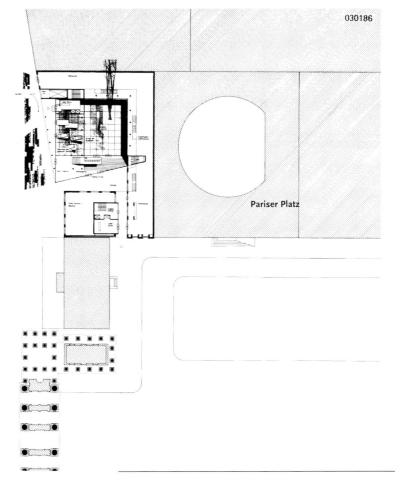

Pariser Platz

Die Wettbewerbsaufgabe forderte von den Architekten das Ausgießen der vorgegebenen historischen Hüllform, welche die Trauflinien und den achtgeschossigen Turm ebenso vorschrieb wie eine steinerne Lochfassade. Wir entschlossen uns – gegen die Vorgaben – für eine deutliche Abtrennung des Turms mit seinen Wohngeschossen vom blockrandschließenden Geschäftshaus. Auf diese Weise entsteht eine informelle Gasse, welche die Fußgänger in das Blockinnere lenkt.

Das Geschäftshaus mit seinen unterschiedlichen Adressen und Eingängen – zum Pariser Platz und zur Friedrich-Ebert-Straße – erhält nach außen hin steinerne Fassaden. Mit einem antithetischen Thema glänzt der Innenhof als ein gläsern-kristallines Atrium. Die Verbindung von innen nach außen durch einen transparenten, schräg abfallenden Showroom läßt an der Ebertstraße etwas vom artifiziellen Innenleben ahnen.

Erdgeschoß
Ground Floor

Die wichtige Fassade am Pariser Platz ordnet sich zwar der Gestaltsetzung unter, komponiert aber aus diesen Regeln ein individuelles zeitgenössisches Bild.

PARISER PLATZ 6A

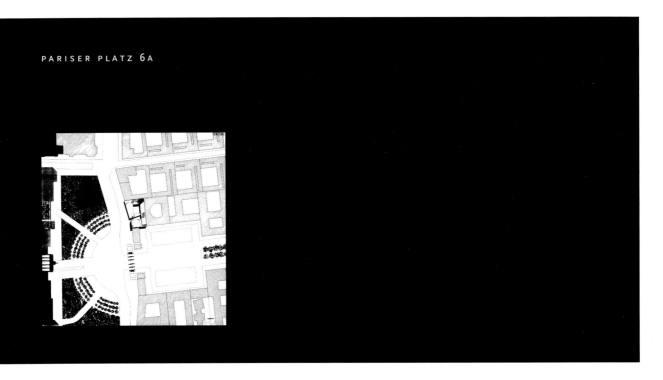

| Untergeschoß | Normalgeschoß | Turm |
|---|---|---|
| Basement | Standard floor | Tower |

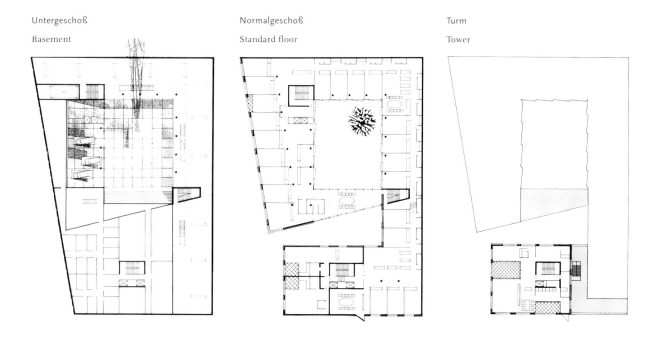

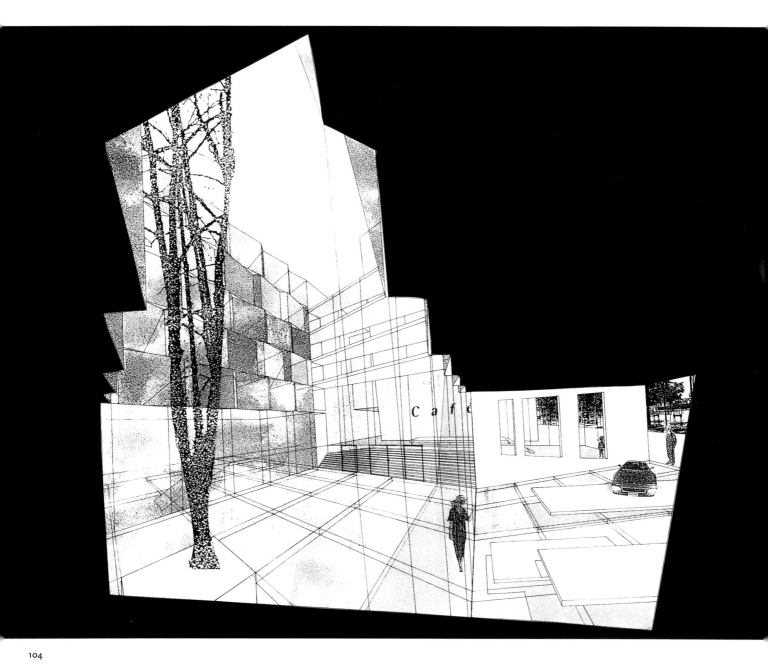

Gläserner Innenhof

Glass-covered courtyard

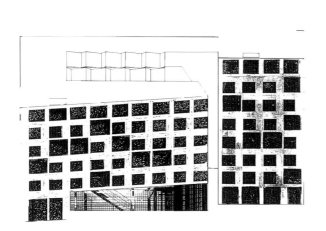

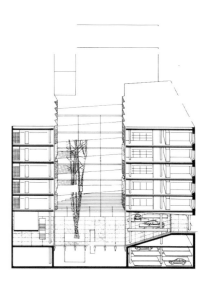

The competition guidelines stipulated a filling out of the given historic built envelope, defining the eaves and the eight-storey tower as well as a punctuated stone façade. A decision was made – independent of the competition brief – to clearly separate the tower and its apartments from the office building at the corner of the site. An informal lane is created, which guides the pedestrians towards the centre of the block.

The office building with its various addresses and entrances – opening onto Pariser Platz and onto Friedrich-Ebert-Straße – is stone-clad on the outside. The courtyard provides the antithetical showcase in the form of a crystalline glass atrium. A transparent, angled, and slightly descending showroom connects the interior to the exterior and – from the vantage point of Ebertstraße – gives an idea of the artificial inner life of the complex.

Steinfassade Pariser Platz

Stone façade on Pariser Platz

While the key façade on Pariser Platz has been integrated into the design norm established for this project, it composes nonetheless an individualistic contemporary image beyond these standards.

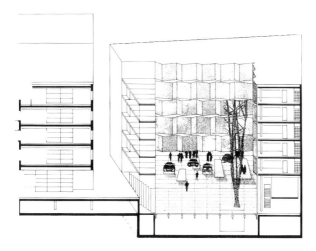

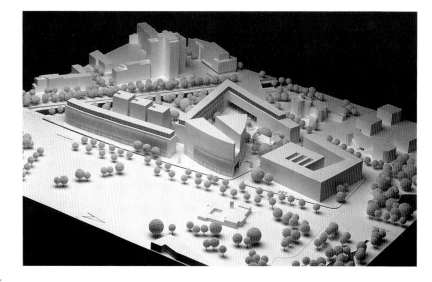

Das Tiergartenviertel in Berlin, das 1991 zum Standort für das World Trade Center gewählt wurde, gleicht zwischen Landwehrkanal und dem Tiergarten einer innerstädtischen Peripherie mit willkürlicher Bebauung auf leeren Brachflächen – ein bis zuletzt typisches Berliner Bild, das mehr und mehr verschwindet. Das Grundstück ist ein Ort im Schnittpunkt vieler städtischer Bezüge: es markiert das Ende des Kurfürstendamms, der Budapester Straße, es verbindet die City West mit dem Potsdamer Platz, es liegt am Ende der Landwehrkanal-Route aus Kreuzberg und wird tangiert von der Achse des Großen Stern zum Lützowplatz.

Die Komposition soll lesbar sein, sowohl als Ensemble von Objekten, wie auch als Blockfragment. Damit nimmt der Entwurf Bezug auf die uneindeutige städtische Umgebung. Das Dreiecksgebäude, im Schnittpunkt aller wichtigen städtebaulichen Bezüge, ist eine komplexe Maschine mit einem äußerst vielfältigen Programm aus öffentlichen und halböffentlichen Funktionen.

The Tiergarten neighbourhood in Berlin, chosen in 1991 as the future site for the World Trade Center, is located between the Landwehr Canal and the Tiergarten district and resembles above all an inner-city periphery with indifferent architecture scattered across empty fallow land – an urban image typical of Berlin until recent developments, which are slowly changing it. The site is an intersection of many urban connections: it marks the end of Kurfürstendamm and Budapester Straße, it links the City West to Potsdamer Platz, it lies at the end of the Landwehr Canal route from Kreuzberg and touches the Großer Stern-Lützowplatz axis.

The final composition should be readable as an ensemble of objects and as a fragmented block. The ambiguity of the design reflects the lack of definition in the existing urban environment. The triangular building, at the intersection of all key urban connections, is a complex machine offering a diverse programme of public and semi-public functions.

Rechts: Skizze Eingangspassage World Trade Center
Right: Sketch of entrance arcade World Trade Center

106

WORLD TRADE CENTER BERLIN

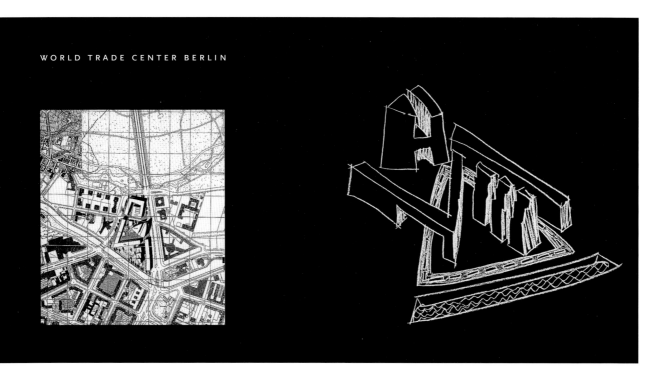

Studien zur Eingangspassage

Studies of entrance arcade

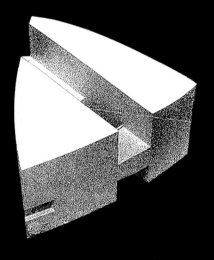
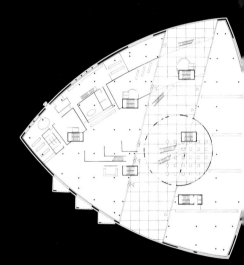

Baukörper World Trade Center

Main building of World Trade Center

EG: Läden, Restaurants, Küche, Rolltreppen zum WTC und Hotellobby , 1. OG: Ausstellungen und Anmeldung Kongreßzentrum, Hotellobby, Restaurant

Ground floor: shops, restaurants, kitchen, escalators to the WTC and hotel lobby, Second floor: exhibitions and congress centre registration, hotel lobby, restaurant

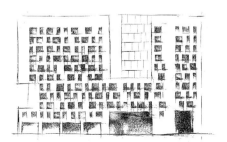

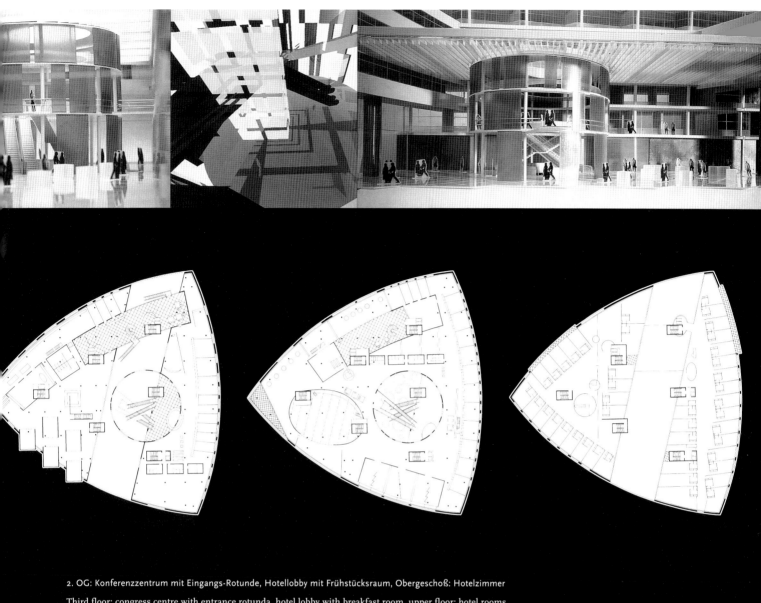

2. OG: Konferenzzentrum mit Eingangs-Rotunde, Hotellobby mit Frühstücksraum, Obergeschoß: Hotelzimmer

Third floor: congress centre with entrance rotunda, hotel lobby with breakfast room, upper floor: hotel rooms

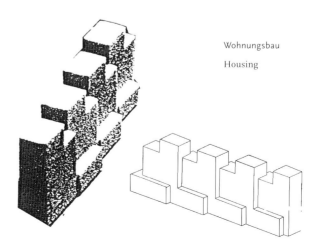

Wohnungsbau

Housing

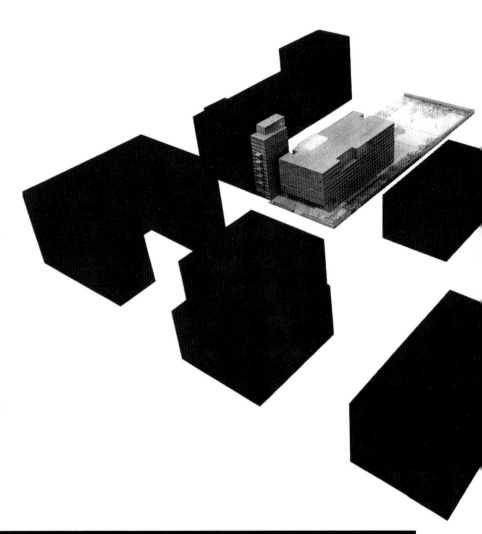

Zwischen Tiergarten und Landwehrkanal, einem seit Kriegsende brach-
liegenden ehemaligen Botschafts- und
Villenviertel, entstehen in offener,
solitärer Bauweise neue Botschafts-
gebäude und Landesvertretungen.
Zum südlichen Nachbarn wird es eine
Brandwandbebauung durch das sepa-
rierte achtgeschossige Gästehaus
geben, hiervon abgerückt entsteht der
villenartige viergeschossige Solitär mit
Repräsentationsräumen und Büroge-
schossen.

Das Erdgeschoß mit Lounge, Foyer
und großem Saal bildet einen über
das stark modellierte Bodenrelief
fließenden Raum, der sich, durch
eingestellte Kuben rhythmisiert und
zoniert, zum Garten hin terrassenartig
fortsetzt. Einfache, plane Büroetagen
decken die unteren komplexen Raumvolumen ab. Das Gästehaus bildet die
kontrapunktische Vertikale zum liegenden Körper der Villa.

LANDESVERTRETUNG BREMEN
PERMANENT REPRESENTATION OF BREMEN

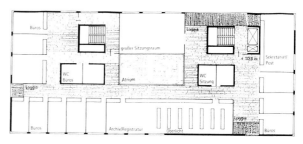

3. OG  Fourth Floor

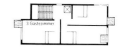

2. OG  Third Floor

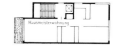

1. OG  Second Floor

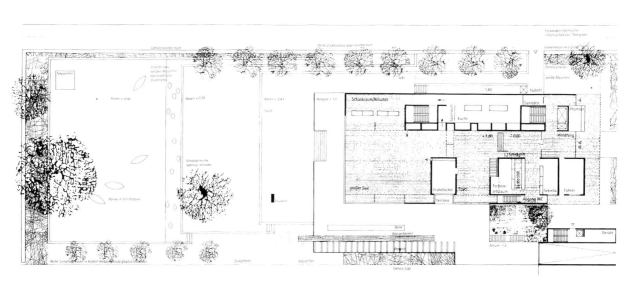

EG  Ground Floor

The area between Tiergarten and
Landwehr Canal, a former diplomatic
and villa neighbourhood lying fallow
since the end of the war, is the site
for open and solitary new embassy
and consular buildings. The eight-
storey-high guesthouse creates a
party wall to the south, and is completely separate from the villa-like
main building housing staterooms
and office floors.

The ground floor with lounge, foyer
and large hall flows across the strong-
ly defined ground relief, a space
whose rhythm and articulation is
created by staggered cubes. It leads,
terrace-like, into the garden. Functional office floors rise above the
lower, more complex room volumes.
The guesthouse forms a contrapuntal
vertical to the reclining body of the
villa.

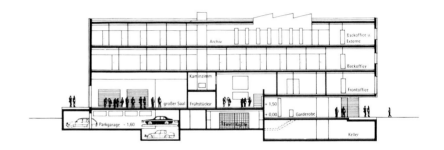

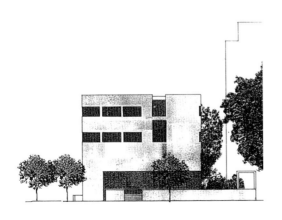

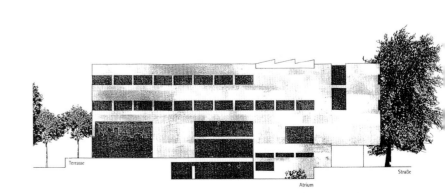

Das formgebende Thema dieses Entwurfs ist die modulare Variation von unterschiedlichen Wohnungen. Da der Wohnungsschlüssel für die frei finanzierten Wohnungen bis in die Bauphase hinein flexibel gehalten werden muß, bestehen die Grundrisse aus Bausteinen wie Erker (Essen, Schlafen, Arbeiten), Naßzellen (WC, Bad, Küche) und addierbare Norm-Grundflächen. Gegen die lärmige Straße bietet ein mit Glasbausteinen geschlossener Laubengang Schutz. Über skulpturale Röhren können die Wohnungen durch den Laubengang hinweg quer belüftet werden.

The form-giving theme of this design is the modular variation of different apartment units. The allocations for the independently financed apartments must be kept flexible right into the construction phase. Hence the ground plans are composed of units such as separate bays (for eating, sleeping, and working), wet units (two- and three-piece bathrooms, kitchen) and add-on standard areas. A glass-covered walk protects against noise from the street. All apartments are cross-ventilated from the covered walk by means of sculptural pipes.

WOHNHAUS KANTSTRASSE

APARTMENT BUILDING KANTSTRASSE

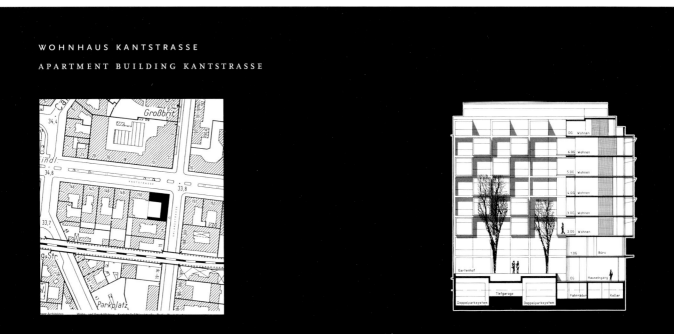

1. Variante:
Küche/Bad/WC
1. Option:
Kitchen/bathroom/WC

2. Variante:
Küche/Bad/Garderobe
2. Option:
Kitchen/bathroom/cloakroom

Kleinste Einheit:
1–2 Zi.-Wohng., 68 m²
Smallest unit:
1-2 room apartment, 68 m²

1 Querlüftung s. Skizze cross ventilation (see sketch)

2 Panoramazugang Panoramic access

3 Abstellfläche/Garderobe Storage/cloakroom

4 Kochen Kitchen

5 Arbeiten/Essen Working area/dining

6 Wohnen Living room

7 Terrasse Terrace

8 Erker Bay window

Normalgeschoß Standard floor

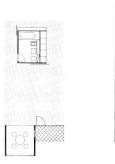

Doppeleinheit als 4-Zimmer-Wohnung
Double unit as 4-room apartment

1. OG Second Floor

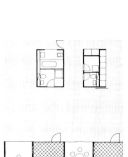

Gestapelte Einheit als Maisonette-
wohnung mit Dachterrasse
Stacked units as maisonettes with
roof gardens

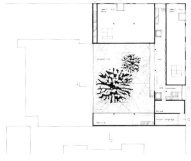

EG Ground Floor

115

Addition von zwei kleinen Modulen
Addition of two small modules

Panoramazugang mit Lüftungsröhren
Panoramic access with ventilation ducts

Raumbildende Module
Room-partitioning modules

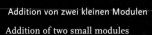

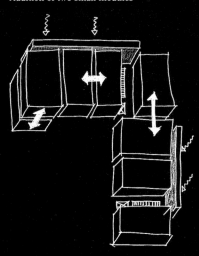

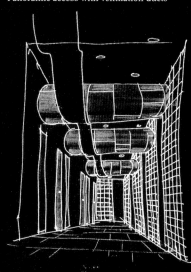

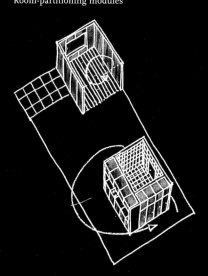

Das alte Angerdorf Hohenschönhausen im Nordosten Berlins ist von
der expandierenden Metropole aufge-
fressen worden. Die Reste der alten
Siedlung, eingeschossige, schlichte
Landarbeiterhäuser, ein gesichtslos
gemachtes Herrenhaus und die be-
scheidene Feldsteinkirche versinken
vor der Kulisse von zwanziggeschossi-
gen Hochhausscheiben. Eine Schnell-
straße überrollt den ehemaligen
Anger. An der Stelle einer ehemaligen
DDR-Kaufhalle soll ein neues Stadtteilzentrum den sozialen Mittelpunkt
inszenieren und als städtebauliches
Wundpflaster zu heilen versuchen.

Eine Reihung von parallelgestellten
Zeilen bildet die bauliche Hülle für
eine zu Anfang unbekannte, bunte
Mischung aller denkbaren öffentlichen
Nutzungen. Neben Verkaufsflächen
ganz unterschiedlicher Größe sollten
Kinos, Restaurants, Fitneßcenter,
Bowlingbahnen, Tanzschulen, Arztpra-
xen, Büros und Wohnungen mit den
dazugehörigen Parkplätzen möglich
sein. Aufgabe war es, eine neutrale,
dennoch Identität gebende Hüllen-
form zu schaffen, die großflächig,
aber dennoch klein strukturiert ist,

flexibel, aber dennoch determiniert,
von einem privaten Entwickler als ein
öffentlicher Ort gebaut. Die kamm-
artige Figur schiebt ihre Kopfbauten
zur Hauptstraße und ergänzt die
Reihe der alten Häuser, die Zeilen-
landschaft des Dachgeschosses bildet
mit unterschiedlicher Begrünung der
Atrien und farbigen Kiesstreifen eine
fünfte Fassade zu den Hochhäusern.

Umhüllt wird der Baukörper von einer
dezent hinterleuchteten Lochblechfassade, die mit ihrer Leichtigkeit und
Transparenz den Charakter der Architektur bestimmt. Sie ist Hintergrund
und Befestigung für Leuchtreklame
und Dekorationen der Geschäfte.

STADTTEILZENTRUM HOHENSCHÖNHAUSEN
COMMUNITY CENTRE HOHENSCHÖNHAUSEN

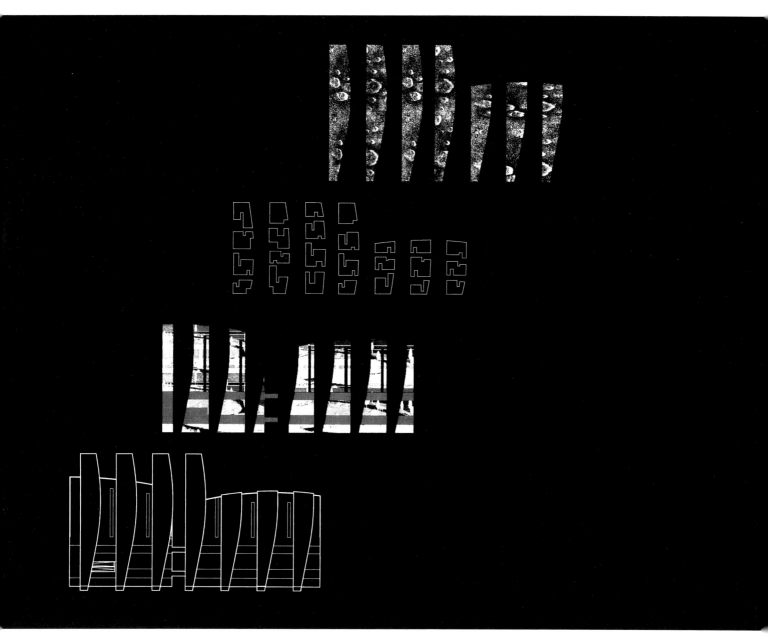

Begrünte und farbig bekieste Dächer und
Atrien als fünfte Fassade
Roofs and atria with plantings and colored
gravel become a fifth façade

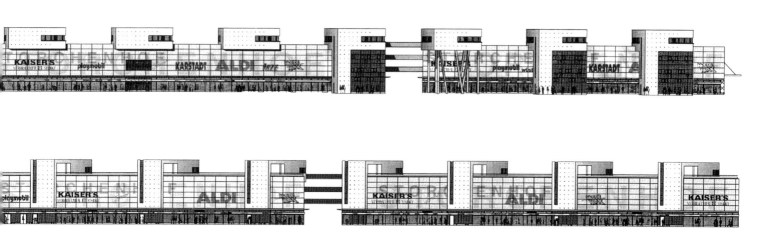

Hohenschönhausen is a former pastoral village located in the north-east section of Berlin, which has been completely devoured by the expanding metropolis. The remnants of the former village – one-storey, unadorned farmhouses; a manor house, whose character has been erased; and a humble fieldstone church – are overwhelmed by the backdrop of twenty-storey-high glass skyscrapers rising behind it. A major traffic artery dissects the old village green. A new community centre, on the site of a former GDR department store, is to set the stage as social meeting place and to somewhat heal this gaping urban wound.

The structural shell consists of separate rows in a parallel arrangement, providing a departure point for an initially unspecified, varied mixture of any number of facilities for public use. The centre is to create retail areas of different sizes and to provide space for cinemas, restaurants, fitness centres, bowling alleys, dance schools, surgeries, offices and apartments with parking facilities.

The task at hand was to create a neutral yet identity-shaping skin that would be generous in scope yet small-scale, flexible yet determined. All this conceived by a private developer as a public space. The comb-like plan projects the buildings forwards, completing the row of the older houses, and the linear landscape of the penthouse level with variously planted atria and coloured gravel strips forms a fifth façade between "village" and highrises.

The building is clad in a gently back lit punctuated plate façade, whose very weightlessness and transparency define the character of the architecture. It is also the background and carrier for signage, illuminated advertisement, and decorative elements for the retail shops within.

EG: Läden

Ground floor: stores

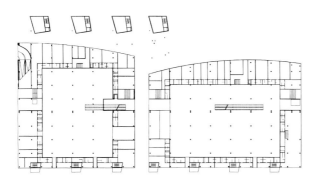

2. OG: Büros mit Atrien

Third floor: offices and atria

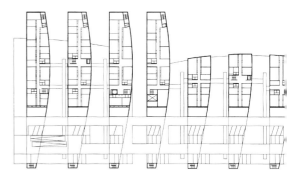

Hinterleuchtete Lochblechfassade als
Reklameträger
Back-lit perforated plate façade serving as
advertising spaces

Diese Fassade war großartig, und sie ist reproduzierbar. Von jedem ihrer unterschiedlichen Teile ist noch je eines erhalten. Das Gebäude besaß Kraft, seine städtische Präsenz schuf eine Aura. Die erhaltenen Fotografien erzählen von einen Mythos. Wir wollen aber keine leblose Replik, kein ausgestopftes Tier. Wir wollen ein lebendiges Gebäude aus zeitgenössischem Geist, eine originäre Konzeption, aus Themen und Mitteln unserer Zeit gebaut.

The Bauakademie was once a grand façade and can be reconstructed. Of all the different parts, one element each has survived. The building had strength; its urban presence created an aura. The archival photographs tell of a mythos. However, we do not aim for a lifeless replica, a stuffed animal. We want a living building in the contemporary spirit, an original concept realized with the themes and the materials of the time we live in.

Es soll wieder die Wohnproportion der Fassaden und des Körpers entstehen, eine Ausstrahlung in den Raum. Doch ist es deutlich ein Spiel zwischen Haut und Körper, zwischen historischer Maske und modernem Skelett, zwischen Masse und Transparenz, zwischen Volumen und Flächen. Es ist die Begegnung von Schinkel und Le Corbusier, vom rationalistischen, doch proportionierten Bauen und seiner Fortsetzung, dem „plan libre". Es ist ein Diskurs über Authentizität und Fälschung, über Wiederaufbau und Inhalt. Eine zentrale Berliner Forschungsstätte zur Baugeschichte, welche die vier Plansammlungen der Stadt zusammenfaßt, sollte die Tradition der Bauakademie fortsetzen.

The proportion of façades and building fabric must be successfully reinstated and there should be a projection into the surrounding space. Still, this is a play between skin and body, between historic mask and modern skeleton, between mass and transparency, between volume and plane. It is a meeting of Schinkel and Le Corbusier, of rationalistic yet proportionate building and its sequel – the "plan libre". It is a discourse on authenticity and forgery, on reconstruction and content. A central research facility for architectural history in Berlin, gathering the four building plan collections of the city under one roof, this building will continue the tradition of the Bauakademie.

Forschungsstätte zur Berliner Baugeschichte
Research facility for the architectural history of Berlin

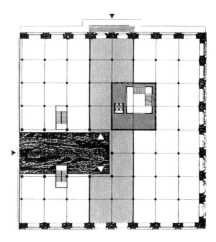

EG: Eingang, Läden
Ground floor: entrance, stores

WIEDERAUFBAU DER BAUAKADEMIE BERLIN
RECONSTRUCTION OF THE BAUAKADEMIE BERLIN

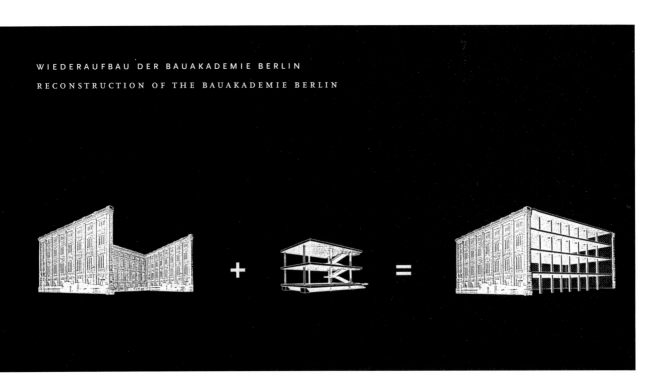

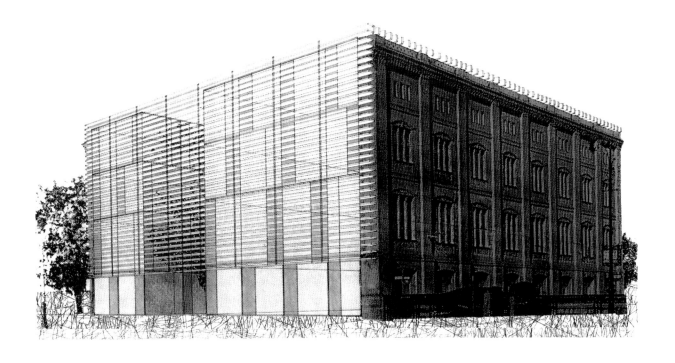

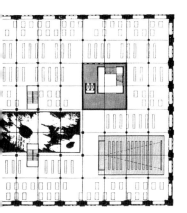

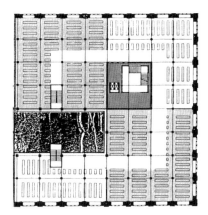

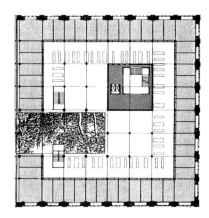

OG: Leseräume

ond floor: reading rooms

2. OG: Archiv

Third floor: archive/collections

3. OG: Gästehaus

Fourth floor: guest quarters

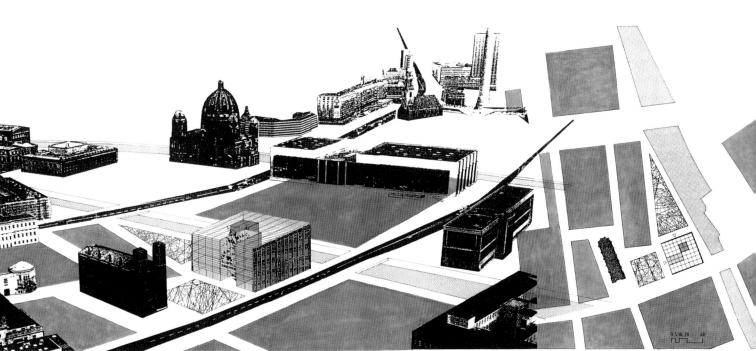

Ein Hotel und Kongreßzentrum soll eine der Zentrumsfunktionen des Wissenschaftsstandortes Berlin-Adlershof übernehmen. In der Nachbarschaft von ausgeprägten Solitärbauten tritt auch das Hotel auf als ein einzelstehender Baukörper mit skulpturaler Kraft. Zwei Höfe, ein Eingangsatrium und ein abstrakt gestalteter Gebäudeschlitz sind die inneren Bezugspunkte des Hotels. Eine geschichtete Fassade legt sich um das Gebäude und bietet Platz für Balkone, Fluchttreppen und einen hohen Luftraum über dem Eingang.

A hotel and conference centre is planned as one of the core facilities of the science complex in Berlin-Adlershof. The hotel is a detached structure with a sculptural presence in a grouping of other distinct, solitary buildings. Two courtyards, an entrance atrium, and an abstract oblong aperture are the internal reference points of the hotel. A stepped façade surrounds the building and provides space for balconies, fire escapes, and a high open space above the entrance.

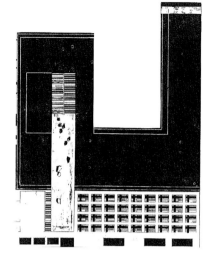

Ansicht Ost
Elevation East

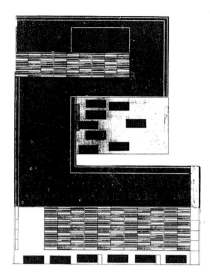

Ansicht Rudower Chaussee
Elevation Rudower Chaussee

Innenhof mit Wasserfläche
Courtyard with water feature

HOTEL IN ADLERSHOF

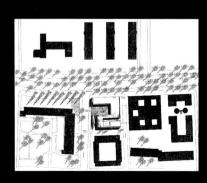

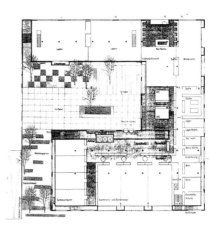

1.–3. OG mit Hotelzimmern

Floor 2–4 with hotel rooms

EG mit Ballroom, Restaurants, Küche, Läden

Ground floor with ballroom, restaurants,

kitchen, shops

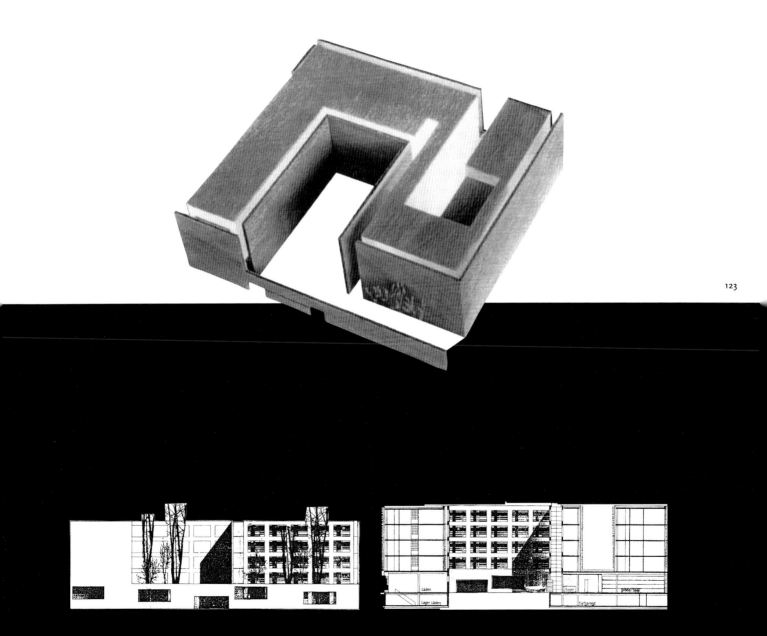

## Projektverzeichnis

**BÜROHAUS HAMBURG 1993 – 96**
Hamburg-Hammerbrook, Amsinckstraße Ecke Nagelsweg
Bürogebäude, das zum größten Teil dem Hauptsitz der Vereinigten
Tanklager und Transportmittel GmbH (VTG) dient; und

**WOHNHAUS HAMBURG 1993 – 96**
Hamburg Hammerbrook, Nagelsweg
Wohngebäude mit 80 Mietwohnungen, gefördert im sozialen Wohnungs-
bau (2. Förderweg), Erdgeschoß mit Läden und Büroräumen; Tiefgarage;
erster Preis eines Wettbewerbs 1993, Realisierung 1994–1996
Auftraggeber: Dipl.-Ing. Dieter Becken, Hamburg
Planung in Projektpartnerschaft mit Suter & Suter, Berlin
Tragwerksplaner: Ing.-Büro Ralf Bergmann, Lüneburg
Baudurchführung und Generalunternehmer: IMBAU Hamburg
Freiflächenplanung: Prof. Hinnerk Wehberg, Wehberg Eppinger
Schmidtke, Hamburg
Fassadenberatung: Ing.-Büro IBS Schalm, München
Lichtplanung Fassade Amsinckstraße: Ulrike Brandi, Hamburg
Kunst am Bau VTG: Toni Wirthmüller, Berlin
Projektleiter: *Franz Küng (Suter & Suter)*,
Mitarbeiter: *Martina Eissler, Donatella Fioretti, Matthias Hinselmann,
Abdullah Motaleb, Tobias Wenzel*

**BÜROHAUS AM HALENSEE 1990 – 96**
Berlin-Wilmersdorf, Kronprinzendamm Ecke Halenseestraße
Bürohaus über Eingangs- und Konferenztrakt mit separater Garage
für benachbarte Wohnbauten und dreigeschossiger Tiefgarage sowie
Schallschutzwand mit öffentlich nutzbarer Gartenanlage;
erster Preis eines Wettbewerbs 1990; Realisierung 1993–96;
Auftraggeber: MÜBAU, Münchner Baugesellschaft, Berlin
Projektsteuerung: MÜBAU Projekt GmbH, Frankfurt a. M.
Baudurchführung: BAL, Büro am Lützowplatz, Kraft Scheele Schulte,
Berlin
Tragwerksplanung: Ing.-Büro Dr. Pelle + Dr. Gladen, Berlin
Fassadenplanung: Ing.-Büro IBS Schalm, München
Haustechnikplanung: Lambeck Ingenieure, Göttingen
Freiflächenplanung: Thomanek & Duquesnoy, Berlin
Mitarbeiter: *Lothar Hennig, Hubertus Jäckel, Uta Pottgießer,
Wolfgang Schöning, Omar Hernandez*

**RENÉE-SINTENIS-SCHULE 1987 – 94**
Berlin-Reinickendorf (Frohnau), Laurinsteig 38–45
Erweiterung einer Grundschule aus dem Jahr 1957;
erster Preis eines Wettbewerbs 1987; Realisierung 1990–1994;
Architekturpreis des BDA und des Senats von Berlin 1994;
Auftraggeber: Bezirksamt Reinickendorf, Berlin
Tragwerksplanung: Ing.-Büro Gerhard Pichler, Berlin, Mitarbeiter:
Andreas Schulz
Baudurchführung und Gartenplanung: Bezirksamt Reinickendorf
Mitarbeiter: *Rainulf Elmpt, Brigitte Fischer, Andrew Alberts*

**WOHNHAUS SCHLESISCHE STRASSE 1989 – 94**
Berlin-Kreuzberg, Schlesische Straße 21/Taborstraße 1–2
Wohnhaus mit 28 Wohnungen, gefördert im Rahmen des sozialen
Wohnungsbaus, erster Förderungsweg; Läden im Erdgeschoß,
Parkgarage im Untergeschoß;
erster Preis eines Wettbewerbs 1989, Realisierung 1992–94,
Erdgeschoß und Außenanlagen unvollendet;
Auftraggeber: BATIMENT, Berlin
Tragwerksplanung: Ing.-Büro Gerhard Pichler, Berlin, Mitarbeiter:
Andreas Schulz
Baudurchführung: Büro BAUWERK, Bernd Tibes, Berlin
Gartenplanung (unvollendet): Prof. Hans Loidl
Mitarbeiter: *Ebba Zernack, Angela Lambea, Klaus Wiechers*

**BÜROHAUS AM TELTOWKANAL 1990 – 96**
Berlin-Tempelhof, Komturstraße 18
Entwurf für einen Bürokomplex, bestehend aus vier gleichen Zeilen und
einem Hochhaus auf einem ehemaligen Gewerbegelände 1990,
Realisierung von zwei Zeilen 1993–96, Ausführung der Eingangsbereiche
in stark veränderter Form.
Auftraggeber: WAYSS & FREYTAG AG, Berlin
Tragwerksplanung: Ing.-Büro Dr. Pelle + Dr. Gladen, Berlin
Außenanlagen: Hannelore Kossel, Berlin
Fassadenberatung: Karlotto Schott, Frankfurt
Ausführungsplanung: Karin Kupsch-Jindra, Berlin
Baudurchführung und Projektsteuerung: Wayss & Freytag AG
Mitarbeiter: *Daniel Kohler, Sabine Wirth*

FACHSCHULE FÜR
SOZIALVERSICHERUNGSWESEN 1993 –
Berlin-Köpenick, Nalepastraße Ecke Helmholzstraße
Erweiterung eines bestehenden gründerzeitlichen Schulbaus von Ludwig
Hoffmann mit Service-Räumen zu den im Altbau untergebrachten
Klassenräumen;
erster Preis eines Gutachterverfahrens 1993; Fertigstellung 1998;
Auftraggeber: Senatsverwaltung für Bauen, Wohnen und Verkehr, Berlin
Projektsteuerung: Ing.-Büro Schäfer, Berlin
Baudurchführung und Generalplanung: Weidleplan Berlin
Mitarbeiter: *Hubertus Jäckel, Katja Pfeiffer, Tobias Wenzel, Bettina Zalenga,
Abdullah Motaleb*

PARISER PLATZ 6A 1995
Berlin-Mitte, Pariser Platz 6a
Wettbewerb 1995, Ankauf
Mitarbeiter: *Jochen Menzer*

WORLD TRADE CENTER BERLIN 1991 – 93
Berlin-Tiergarten, zwischen Lützowplatz, Klingelhöferstraße und
Stülerstraße
Städtebaulicher- und Realisierungswettbewerb für ein Kongreßzentrum
mit Hotel und Gaststätten, Büros, Läden, Wohnungen und einer Kinder-
tagesstätte 1991, erster Preis; nach Bauantragstellung nicht realisiert;
Auftraggeber: Philipp Holzmann AG, Berlin
Tragwerksplanung: Philipp Holzmann AG, Frankfurt
Landschaftsplanung: Müller Wehberg Knippschild, Berlin
Bauantragsplanung in Projektpartnerschaft mit Axel Schulz und
Suter & Suter, Berlin
Projektleiter: *Franz Küng (Suter & Suter)*,
Mitarbeiter: *Martina Eissler, Donatella Fioretti, Omar Hernandez,
Matthias Hinselmann, Petra Vandenhof, Fritz Verhofen, Paul van der Voort*

BREMISCHE LANDESVERTRETUNG IN BERLIN 1996 –
Berlin-Tiergarten, Hiroshimastraße
Vertretung der Freien Hansestadt Bremen beim Bund, bestehend aus
einem Gästehaus, Seminar- und Veranstaltungsräumen mit Küchen-
bereich, Büroräumen, Tiefgarage und einem Garten;
Wettbewerb 1996, erster Preis; Fertigstellung 1998
Auftraggeber: HIBEG Bremen, im Auftrag der Freien Hansestadt Bremen
Tragwerksplanung: Gerhard Pichler Ing.-Büro Berlin, Bearbeiter:
Andreas Schulz
Gartenplanung: Thomanek + Duquesnoy, Berlin
Mitarbeiter: *Uta Pottgießer (Projektleitung), Jochen Menzer,
Christian Pabst, Markus Schlosser*

WOHNHAUS KANTSTRASSE 1996
Berlin-Charlottenburg, Kantstraße Ecke Uhlandstraße
Frei finanzierter Wohnungsbau über Geschäften im EG und Büroräumen
im 1. OG, Tiefgarage; Entwurf 1996;
Auftraggeber: Köllmann-Gruppe, Berlin
Mitarbeiter: *Christian Pabst*

STADTTEILZENTRUM HOHENSCHÖNHAUSEN 1993 –
Berlin-Hohenschönhausen, Hauptstraße und Leuenberger Straße
Geschäftszentrum mit Läden, Büros, ärztlichem Dienst, Bowlingbahn
etc. und Parkhaus;
Wettbewerb 1993, erster Preis; Fertigstellung 1. Bauabschnitt 1997,
2. Bauabschnitt 1998
Auftraggeber: MÜBAU, Münchner Baugesellschaft, Berlin
Projektsteuerung: MÜBAU Projekt GmbH, Frankfurt
Bauleitung: BAL, Büro am Lützowplatz, Kraft Scheele Schulte, Berlin
Tragwerksplanung: Ing.-Büro Dr. Gladen, Berlin
Fassadenberatung: Ing.-Büro Priedemann, Berlin
Mitarbeiter: *Wolfgang Schöning (Projektleitung), Natascha Bredella,
Peter Deluse, Detlef Junkers, Anne Kleinlein, Wolfgang Latzel,
Christian Pabst, Tobias Wenzel, Ebba Zernack*

WIEDERAUFBAU DER BAUAKADEMIE BERLIN 1995
Wettbewerb, initiiert vom ZEIT-Magazin 1995.
Wiederaufbau als Forschungsstätte zur Berliner Baugeschichte mit
Lesesälen, Ausstellungsflächen und Vortragssaal im 1. OG, Sammlungen
im 2. OG, Arbeitsräume und Gästehaus im 3. OG sowie kommerzielle
Nutzungen im EG.
Mitarbeiter: *Jochen Menzer*

HOTEL UND KONFERENZEINRICHTUNGEN IM
„ZENTRUM FÜR WISSENSCHAFT UND TECHNOLOGIE"
ADLERSHOF 1996 –
Berlin-Treptow, Rudower Chaussee
Drei-Sterne-Hotel mit 120 Zimmern, Restaurant, Ballroom, Seminar-
räumen, Läden, Tiefgarage; Wettbewerb 1996, erster Preis; Realisierung
voraussichtlich bis 1998
Mitarbeiter: *Jochen Menzer*

Sekretariat: *Monika Gottschling*

## List of Projects

126

COLLEGE FOR SOCIAL SERVICES 1993 –
Berlin-Köpenick, corner Nalepastraße/Helmholzstraße
Refurbishment and extension of school building dating from
"Gründerzeit" period by Ludwig Hoffmann; addition of service rooms
to classrooms housed in the original building; first prize of advisory
survey 1993; completion 1998.
Client: Senatsverwaltung für Bauen, Wohnen und Verkehr (senate
administration for building, living and transport), Berlin
Project management: Ing.-Büro Schäfer, Berlin
Execution and general management: Weidleplan Berlin
Staff: *Hubertus Jäckel, Katja Pfeiffer, Tobias Wenzel, Bettina Zalenga,
Abdullah Motaleb*

PARISER PLATZ 6A 1995
Berlin-Mitte, Pariser Platz 6a
Competition 1995, purchase
With: *Jochen Menzer*

WORLD TRADE CENTER BERLIN 1991 – 93
Berlin-Tiergarten, between Lützowplatz, Klingelhöferstraße and
Stülerstraße
Urbanization competition for a congress centre with hotel and
restaurants, offices, retail shops, apartments and a day-care centre 1991;
first prize; not realized following building permit application.
Client: Philipp Holzmann AG, Berlin
Structural design: Philipp Holzmann AG, Frankfurt
Landscape design: Müller Wehberg Knippschild, Berlin
Building permit planning in project partnership with Axel Schulz and
Suter & Suter, Berlin
Projekt manager: *Franz Küng (Suter & Suter),*
Staff: *Martina Eissler, Donatella Fioretti, Omar Hernandez,
Matthias Hinselmann, Petra Vandenhof, Fritz Verhofen, Paul van der Voort*

PERMANENT REPRESENTATION OF BREMEN 1996 –
Berlin-Tiergarten, Hiroshimastraße
Permanent representation of Hanseatic city of Bremen, with
guesthouse, seminar and event facilities including kitchen, offices,
underground parking and garden; competition 1996, first prize;
completion 1998.
Client: HIBEG Bremen, commissioned by Hanseatic city of Bremen
Structural design: Ing.-Büro Gerhard Pichler, Berlin, with
Andreas Schulz
Landscape design: Thomanek + Duquesnoy, Berlin
Staff: *Uta Pottgießer (Project manager), Jochen Menzer, Christian Pabst,
Markus Schlosser*

APARTMENT BUILDING KANTSTRASSE 1996
Berlin-Charlottenburg, corner Kantstraße and Uhlandstraße
Independently financed apartment building above retail shops on
ground floor and offices on second floor, underground parking; design
1996.
Client: Köllmann Group, Berlin
Staff: *Christian Pabst*

STADTTEILZENTRUM (COMMUNITY CENTRE)
HOHENSCHÖNHAUSEN 1993 –
Berlin-Hohenschönhausen, Hauptstraße and Leuenberger Straße
Retail mall with shops, offices, medical services, bowling alley etc. and
parking; competition 1993, first prize; completion of first section 1997,
of second section 1998.
Client: MÜBAU, Münchner Baugesellschaft, Berlin
Project management: MÜBAU Projekt GmbH, Frankfurt
Construction management: BAL, Büro on Lützowplatz, Kraft Scheele
Schulte, Berlin
Structural design: Ing.-Büro Dr. Gladen, Berlin
Façade consultation: Ing.-Büro Priedemann, Berlin
Staff: *Wolfgang Schöning (Project manager), Natascha Bredella,
Peter Deluse, Detlef Junkers, Anne Kleinlein, Wolfgang Latzel,
Christian Pabst, Tobias Wenzel, Ebba Zernack*

RECONSTRUCTION OF THE BAUAKADEMIE BERLIN 1995
Competition initiated by ZEIT-magazine in 1995.
Reconstruction for use as a research facility for Berlin's history of architecture with: reading-rooms, exhibition areas, and lecture halls on the
second floor; collections on the third floor and offices and guest-rooms
on the fourth floor. It also includes space for commercial use on the
ground floor.
Staff: *Jochen Menzer*

HOTEL- AND CONFERENCE INSTITUTIONS AS PART OF
"CENTRE FOR SCIENCE AND TECHNOLOGY"
ADLERSHOF 1996 –
Berlin-Treptow, Rudower Chaussee
Three star hotel with 120 rooms, restaurant, ballroom, seminar rooms,
retail shops, underground parking; competition in 1996, first prize;
completion projected for 1998.
Staff: *Jochen Menzer*

Secretary: *Monika Gottschling*

**Behnke, Klaus**

geboren 1950 in Teltow (DDR), lebt in Berlin, kaufmännische Lehre, Studium der Theologie, Philosophie und Psychologie. Ausbildung zum Psychoanalytiker am Berliner C. G. Jung-Institut.
Zahlreiche Veröffentlichungen besonders zum Thema Psychologie und Staatssicherheitsdienst. Tätig als Leiter der Beratungsstelle für Folgeschäden der DDR-Diktatur sowie in freier Praxis.

**Friederike Schneider**

geboren 1966 in Berlin, Architekurstudium in Berlin, Stuttgart und Bartlett School of Architecture, London. Seit 1990 arbeitet sie als freie Herausgeberin und Grafikerin von Architekturbüchern, u. a.
„Der Architekt des amerikanischen Traums: Morris Lapidus",
„Grundrißatlas Wohnungsbau".

**Behnke, Klaus**

Born in 1950 in Teltow (GDR), lives in Berlin, apprenticed in business, studied theology, philosophy, and psychology. Trained as a psychoanalyst at the C. G. Jung-Institute in Berlin.
Has written numerous publications, particularly on psychology and on the Stasi. Currently active in independent practice and as director of the advisory board for consequential damage resulting from the former GDR dictatorship.

**Friederike Schneider**

Born 1966 in Berlin, Studies of Architecture in Berlin, Stuttgart and the Bartlett School of Architecture, London. Since 1990 she works as free lance editor and graphic designer for architecture books, i. e.
"The Architect of the American Dream: Morris Lapidus", "Floor Plan Atlas Housing".

128    impressum imprint

Texte Texts:
Klaus Behnke (Einleitung Introduction), Hilde Léon, Konrad Wohlhage
Übersetzung ins Englische Translation into English:
Elizabeth Schwaiger, Toronto

Fotonachweis Photo Index:
Christian Richters: Seite page: 18, 19, 22, 23, 24, 25, 27, 28, 32, 34/35, 38, 39, 41, 48, 49, 52, 53, 54, 55, 60, 62, 63, 65, 66/67, 68, 69, 72, 74, 75, 78, 79, 80/81, 82, 88, 90, 93, 95
Ebba Zernack: Seite page: 91 unten rechts bottom right
Kay Nentwig: Seite page: 89, 90 unten bottom, 91 unten links bottom left
Nelly Rau-Häring: Seite page: 85
Henning Lüders: Seite page: 52 unten links bottom left, 55 unten rechts bottom right, 56
Stefan Müller: Seite page: 44
Klaus Frahm/Contur: Seite page: 14, 20, 24, 28, 33, 38 unten bottom
Heide Hintertühr: Seite page: 79 unten rechts bottom right
Stefan Klonk: Seite page: 114, 117
Andreas Muhs: Seite page: 110, 113
Verona Meier: Seite page: 124, 125, 126, 127

Handzeichnungen Sketches:
Branca Kaminsky: Seite page: 107,
Donatella Fioretti: Seite page: 18, 37, 94,
Tobias Wenzel: Seite page: 94 oben top, 101 oben top

Gestaltung Design:
atelier : [doppelpunkt], berlin

A CIP catalogue record for this book is available from the Library of Congress, Washington D.C., USA

Deutsche Bibliothek Cataloguing-in-Publication-Data:
léonwohlhage: Bauten und Projekte von Hilde Léon und Konrad Wohlhage 1987–1997/Friederike Schneider (Hrsg.).
[Übers. ins Engl.: Elizabeth Schwaiger].
– Basel; Boston; Berlin: Birkhäuser, 1997
ISBN 3-7643-5604-9 (Basel ...)
ISBN 0-8176-5604-9 (Boston)
NE: Schneider, Friederike [Hrsg.]

© 1997 Birkhäuser – Verlag für Architektur,
P. O. Box 133, CH-4010 Basel, Switzerland
Printed on acid-free paper produced from chlorine-free pulp. TCF ∞

Printed in Germany
ISBN 3-7643-5604-9
ISBN 0-8176-5604-9

9 8 7 6 5 4 3 2 1